Höllen
fahrten

Höllen fahrten

Abenteuer am Abgrund

herausgegeben von Wolfgang Ebert

vgs

Das Buch entstand parallel zu der gleichnamigen Serie des ZDF

Die Deutsche Bibliothek – CIP-Einheitsaufnahme

Höllenfahrten / hrsg. von Wolfgang Ebert. – Köln : vgs
Abenteuer am Abgrund. – 1. Aufl. – 1998
ISBN 3-8025-2611-2

1. Auflage 1998

Redaktion: Susanne George
Bildredaktion: Ina Schmidt

Umschlaggestaltung: Papen Werbeagentur, Köln
Produktion: Wolfgang Arntz
Satz und Druck: H. Stürtz AG, Würzburg
Printed in Germany
ISBN 3-8025-2611-2

Frontispiz: *The Wave*, Paria-Gebiet nördlich des Grand Canyon (Foto: Wolfgang Ebert)

Inhalt

Vorwort

„Ich konnte nicht begreifen, daß, solange Gesundheit und Leben bleiben, in dieser Welt irgend etwas imstande sei, einem entschiedenen Willen zu widerstehen.“

Sir Samuel Baker

Manchmal genügt eine minimale Abweichung vom Normalen, vom Erwarteten oder Geplanten, um eine Katastrophe auszulösen, sei sie nun verschuldet oder unverschuldet. So mancher wird vom Schicksal heimgesucht – und dies oft schon beim ersten Versuch, eine Herausforderung zu bestehen. Einige kommen mit dem Schrecken davon, andere tasten sich fortan nur noch zögernd durchs Leben. Geschichte wird von Überlebenden geschrieben. Die hier erzählten Geschichten stammen von denen, die um Haaresbreite entkommen sind. Die da im Fegefeuer verbrannten, können kein Zeugnis mehr ablegen von ihren Versäumnissen und Irrtümern, der Ungerechtigkeit des Schicksals oder auch großen Entdeckungen, von denen keiner je erfährt. Wer dagegen vom Feuer nur versengt wurde, wird sich immer wieder die Frage stellen, warum das Schicksal gerade ihn verschont hat, wird den Zufall bestaunen oder entdecken, was Wunder sind. Und vor allem wird er lernen, daß man beileibe nie die Hoffnung aufgeben darf, egal, wie schlimm es stehen mag.

Im Mittelpunkt der in diesem Band versammelten Geschichten stehen Menschen, die ungewollt oder freiwillig in Grenzsituationen geraten sind. Zu ihnen zählen die Entdecker, die ins Unbekannte aufbrachen und taten, was noch niemand zuvor gewagt hatte. Forschungsreisende galten als Menschen außerhalb der Normalität, sie waren elitäre Gestalten, die für sich das exklusive Recht auf ferne Abenteuer in Anspruch nahmen. Die Motive der Tapferen waren persönlicher Ehrgeiz und Profitsucht, Pflichterfüllung, Abenteuerlust und intellektuelle Neugier, Ruhm für sich und die Nation. Aber vor allem ging es damals wie heute darum, der Erste zu sein.

Unendlich waren im 19. Jahrhundert noch die Geheimnisse, die es zu lüften galt, doch die Forscher-Krone war dem Entdecker gewiß, der die Quelle jenes ältesten und geheimnisvollsten Stromes finden würde, der die Phantasie der Menschen seit dem Altertum erregte. Dem Rätselfieber verfielen auch die „Liebenden vom Nil“, der englische Großwildjäger Samuel Baker und die freigekaufte Sklavin Florence Sass aus Siebenbürgen, die gemeinsam die qualvolle Reise durch Innerafrika bestanden, bis sie sich endlich mit der Entdeckung der legendären Nilquellen belohnt glaubten. Baker verkörperte den Idealtyp des modernen Abenteurers, der vorwiegend der angelsächsischen Welt entstammte. Er profitierte von der imperialen Expansion des britischen Weltreiches, die ehrgeizigen Einzelgängern die Möglichkeit bot, Grenzen auf eigene Faust zu verschieben.

Der Forscher John Wesley Powell war ein nicht weniger selbstbewußter amerikanischer Selfmademan. 1869 brach der Major mit seinen Bootsleuten auf, das letzte geographische Rätsel des Wilden Westens zu lösen, und überlebte den „Schlund der Hölle", wie die Flußpioniere den Grand Canyon angstvoll nannten. Ein großartiger Wissenschaftler und mutiger Mann war der einarmige Bürgerkriegsveteran, aber ein armseliger Mensch, weil ihn Forscherehrgeiz und Ruhmsucht zum Egoisten werden ließen, wie sich einer seiner Getreuen enttäuscht beklagte. Aber waren sie nicht alle Egomanen, die Forscher und Entdecker, Eroberer und Abenteurer, die ins Unbekannte vorstießen, im Auftrag der Wissenschaft oder einer Nation, mußten sie es nicht sein, um ans unendlich ferne Ziel zu gelangen?

Aus ganz anderen Gründen sahen sich auch Menschen unserer Zeit einer prekären Lage ausgeliefert, die bislang unbekannte psychologische Reaktionen freisetzt und Fragen aufwirft, die zu den zentralen Lebensthemen des Menschen gehören. Davon berichten Geschichten wie die der beiden Schüler Thomas und Holger, die in jugendlichem Wahn die Eiger-Nordwand seilfrei bezwingen wollten und in der „Mordwand" auf leidvolle Art erwachsen wurden – ein Drama, in dem eine Kette schicksalhafter Zufälle zur Rettung führte. Das gilt auch für die „Höllenfahrt" der deutschen Piloten Bertram und Klausmann, die 1932 mit einem Wasserflugzeug vor der Küste Australiens notlanden mußten und im menschenleeren Buschland der Aborigines an Gott zu glauben lernten. Und der Filmemacher Werner Herzog kehrte mit Juliane Koepcke an jenen Ort im Dschungel Perus zurück, wo sie vor 27 Jahren einen Flugzeugabsturz überlebte und sich selbst mit unglaublichem Überlebenswillen rettete.

„Mut und Willenskraft können Wunder bewirken", schrieb der Polarforscher Amundsen. Dazu gehört auch, sich selbst zu besiegen, wenn man die Grenzen überschritten hat.

Wolfgang Ebert

Verschollen im Grand Canyon

„Als Mensch wurde Powell wie so viele andere gewaltig überschätzt. Als Forscher und Wissenschaftler hat er sich seinen Ruhm redlich verdient. Ich habe es oft sagen hören: ‚Erfolg ist eine Tugend, Versagen ein Verbrechen'."

Jack Sumner

Der Grand Canyon – ein gigantischer Schnitt durch die Ewigkeit, den jedes Jahr vier Millionen Touristen bestaunen.

Wie Blitze flammen die Strahlen der Wüstensonne auf glänzenden Brustharnischen. Unerträglich heiß muß es unter den elegant geschwungenen Stahlhelmen der Spanier sein. Wochenlang schon schleppt sich der kleine Reitertrupp unter Führung von Don Garcia Lopez de Cardenas durch unwegsames Land. Plötzlich reißen die Eindringlinge aus einer anderen Welt ihre Pferde zurück, denn vor ihnen tut sich unüberwindbar die Erde auf. Ehrfürchtig bekreuzigt sich der Hauptmann und bestaunt als erster Weißer die Unermeßlichkeit eines gi-

gantischen Abgrunds, wie ihn nur ein Gott erschaffen haben kann. Angelockt vom Reichtum der sagenhaften Städte von Cibola, war der Konquistador Coronado im Jahr 1540 mit einer Expedition von Mexiko aus in den unbekannten Norden des Kontinents vorgestoßen und hatte seine Leutnants das weite Land auf der Suche nach Gold durchkämmen lassen. Den einzigen Schatz aber entdeckte Hauptmann Cardenas: ein Weltwunder der Natur, das ihm 2000 Meter tief den Weg versperrte. Erst 329 Jahre später sollten es mutige Männer wagen, dem grandiosen Schöpfungsakt auf den Grund zu gehen.

„Wir fahren nun ins Große Unbekannte. Wir haben nur noch spärliche Rationen, das Mehl wurde wieder und wieder gesiebt, der verfaulte Schinken immer wieder getrocknet und gekocht, ein paar Pfund Trockenäpfel sind übrig, der Zucker ist längst vom Fluß weggespült, aber wir haben noch einen Sack Kaffee." Major Powells dramatische Worte nach der Einfahrt in den Grand Canyon sind berühmt geworden, denn seine Geschichte ist aus dem Stoff, aus dem Heldensagen entstehen, die eine junge Nation so dringend zu brauchen scheint, um ihre eigene Identität zu finden.

Nach dem Schrecken des Bürgerkriegs blicken die Amerikaner wieder nach Westen, weil man endlich ernten will, was das sagenhafte Land jenseits des Mississippi schon so lange verspricht. Die als „Große Landvermessungen" bekannten Expeditionen sorgen für eine fast lückenlose Erschließung des riesigen Gebietes westlich des Mississippi. 1869 ist der Wilde Westen schon fast gezähmt, sind die Pfade erkundet, auf denen Siedler in großen Scharen ins Land strömen, wird die letzte Schiene der ersten transkontinentalen Eisenbahn verlegt. Doch immer noch können unvorsichtige Reisende in den Prärien des Nordens ihren Skalp an Sioux-Krieger oder in den Wüsten des Südens an die Apachen Geronimos verlieren.

Im Sommer 1869 schaut die Nation auf Professor John Wesley Powell, denn er ist ausgezogen, um dem Wilden Westen sein letztes Geheimnis zu entreißen. Es gilt, den letzten weißen Flecken von der Landkarte der Vereinigten Staaten zu tilgen: Amerikas unzugänglichste Terra incognita, das Canyon-Labyrinth der mächtigen Flüsse Green und Colorado. Das unerforschte Gebiet erstreckt sich vom Dreiländereck der heutigen Staaten Utah, Colorado und Wyoming über 1600 Kilometer nach Süden bis in den Norden Arizonas. Nur ein paar Furten sind bekannt, wie es aber in den Abgründen der tausend Canyons aussieht, das wissen nicht einmal die Ureinwohner dieser Gegend.

Seine Landsleute geben dem Forscher den Spitznamen „Gelehrter Trapper", die Ute-Indianer nennen den 36jährigen Major, der im Bürgerkrieg einen Arm verloren hat, „Ka'-qu-rats", „Alter Mann ohne Arm". Das Handikap hindert den ehrgeizigen Professor nicht, sich der größten Herausforderung seines Lebens zu stellen.

Seine Männer nannten den einarmigen Bürgerkriegsveteran John Wesley Powell nur „Major". Der Geologieprofessor erkundete 1869 das Schluchtensystem des Colorado und lüftete damit das letzte Geheimnis des Wilden Westens.

„Der Grund der Reise ist die Erkundung von unbekanntem Land und die Sammlung neuer geologischer, naturwissenschaftlicher und ethnologischer Erkenntnisse“, schreibt Powell. „Wissenschaftler forschen auf der ganzen Welt nach neuem Wissen und neuen Wahrheiten. Wenn wir von ein paar neuen Tatsachen berichten können und daraus lernen, soll uns das Lohn genug sein für all die Mühen, Entbehrungen und Gefahren.“

Was wie ein großes Abenteuer beginnt, wird zum Kampf ums nackte Leben. Dem Anführer verschafft die Expedition einen Platz in der Ruhmeshalle amerikanischer Geschichte, für einige seiner Begleiter aber wird der Colorado zum Fluß ohne Wiederkehr. Wie so oft in der Geschichte der Entdecker gehen auch in dieser Episode heroische Leistungen mit menschlichem Versagen einher.

Ouvertüre

Bergeweise verstauen sie Ausrüstungsgegenstände in den angeblich wasserdichten Schotts in Bug und Heck der vier robusten Boote: Gewehre, Werkzeug und Tierfallen, wissenschaftliches Gerät zur Ortsbestimmung und Höhenmessung. Dazu Verpflegung für zehn Monate, Säcke voller Zucker und Mehl, Kaffee und Pökelfleisch – insgesamt zwei Zentner pro Boot. Powell befürchtet, daß sein Trupp im Winter in den Canyons eingeschlossen werden könnte, wenn Eis die Flüsse unpassierbar macht. Mit einem Zug der gerade erst fertiggestellten ersten transkontinentalen Eisenbahnlinie werden die Boote in den Westen transportiert und am Ufer des Green River abgeladen. Am 24. Mai 1869 legen sie an der Grenze zwischen Wyoming und Utah ab: das Führungsboot *Emma Dean*, die nur vier Meter lang und aus leichtem Fichtenholz gebaut ist, und die je sechseinhalb Meter langen, eichengeplankten *Maid of the Canyon*, *Kittie Clyde's Sister* und *No Name*.

Der Leiter der Flußexpedition, John Wesley Powell, ist Professor für Geologie und Ethnologie. Seine Männer nennen ihn respektvoll „Major“ oder „Professor“. Der Gelehrte trägt einen auffällig modischen Backenbart, der bald zu einem struppigen Vollbart verwildern wird. Neun Westmänner begleiten den Wissenschaftler aus Abenteuerlust. Sie wollen nicht eher ruhen, bis auch das letzte Stück Wildnis „gezähmt“ ist: der 36jährige Verleger Oramel Howland und sein jüngerer Bruder Seneca, der 18jährige Fallensteller Andy Hall und der 29jährige Ex-Sergeant George Bradley. Der Bruder des Expeditionsleiters, der bullige Choleriker Walter Powell, hofft in der Natur von den psychischen Blessuren zu genesen, die ihm in Gefangenenlagern der feindlichen Südstaaten zugefügt wurden. Im letzten Augenblick stößt der junge Engländer Frank Goodman dazu, der sich zufällig am Startplatz, dem Drei-Häuser-Ort Green River, aufhält. Der Globetrotter will sich das romantische Abenteuer nicht entgehen las-

Die Mitglieder der Powell-Expedition wurden für eine Fernsehinszenierung von professionellen Bootsführern des Grand-Canyon-Outfitters O.A.R.S. dargestellt.

sen. Dazu hat Powell drei Trapper, den 21jährigen William Dunn, den 29jährigen John Sumner und den 28jährigen William Hawkins, gegen Lohn angeheuert, damit sie unterwegs für frisches Fleisch sorgen. Von den versprochenen 75 Dollar sollten sie nie einen Cent zu sehen bekommen.

Insgesamt zehn Männer machen sich also auf, ein unbekanntes Flußsystem voller reißender Stromschnellen zu erforschen. Doch außer dem erfahrenen Pfadfinder John Sumner, Powells rechter Hand, hat keiner von ihnen je ein Boot gerudert. Heutzutage fährt kein Flußfahrer mehr so schnittig-schmale, schwer zu manövrierende Kielboote ohne Steuerruder. Statt dessen benutzt man breitbauchige *Doris*, die man dank hochgezogenem Bug und Heck und abgeflachtem Boden besser durch das Wellengetümmel steuern und auf der Stelle drehen kann.

Noch können die Greenhorns um Powell ohne Gefahr üben, aber schon bald ragen die ersten steilen Felswände auf. Der Green River hat sich ein kurvenreiches Bett durch das Uinta-Gebirge gegraben. Die erste Stromschnelle kündigt sich als fernes Rauschen an, das allmählich zu lautem Getöse anschwillt. Während die Ruderer in Fahrtrichtung pullen, steht der Major im Bug der *Emma Dean* und sucht nach der sichersten Route durch die schäumenden Wassermassen. Er erkennt die runde Buckelwelle der Stromzunge und daneben die offenen Fahrrinnen. Durch Flaggenzeichen signalisiert der Expeditionsleiter den anderen, im Oberwasser des

Die Hexenkessel der Wildwasser lehren die Forscher das Fürchten. In den Wellenstrudeln sind die schmalen Kielboote nur schwer manövrierbar. Gleich zu Beginn der Expedition zerschellt eines der vier Boote in einer Stromschnelle.

Stroms abwartenden Mannschaften die Befehle „Treideln" oder „Freie Fahrt". Angespannt rudern die Männer ihre Boote an den Rand des Katarakts, lassen sie über die Wasserschwelle der Felsbarriere kippen, tauchen in Wogen und Brecher, springen über gischtsprühende Wellenkämme und landen erleichtert in einem *Eddy*, der ruhigen Bucht einer gegenläufigen Wasserströmung. Welch ein Rausch, welch ein Vergnügen! Hurra-Gebrüll und Schulterklopfen, die erste Probe ist bestanden. Hastig binden sie die Eimer los und schöpfen das Wasser aus den vollgeschlagenen Nachen. Oramel Howland ist ganz begeistert von der Wellenfahrt: „Nichts ist phantastischer, als wenn wir Wildwasser durchfahren müssen. Es ist eine schnelle Folge aufregender Gefühle und Aktionen. Und wenn wir von einer Seite zur anderen schießen und Brecher über uns stürzen, möchte man am Ende Hurra schreien. So ein Gefühl hat man auf dem Höhepunkt einer Schlacht. Gefahr scheint von nun an unser Begleiter zu sein."

Die nächsten Katarakte sind schon von weitem zu hören, aber noch ist der Ritt über die Wellenberge nur die Ouvertüre zu viel gefährlicheren Wasserabenteuern. Denn bald werden sie erfahren, was ein wilder Fluß an heimtückischen Schwellen und Saugtöpfen, Wirbeln und Schluckern zu bieten hat.

Flaming Gorge, „Flammenschlucht", nennen sie den ersten von unzähligen Canyons. Vor allem wenn die Sonne auf- oder untergeht, leuchtet das Gestein in Farbschattierungen von stumpfem Rost- bis leuchtendem Glutrot, strahlt es gelbbraun oder zartlila. Doch selbst das sind nur Vorboten noch phantastischerer Farbsymphonien. Bevor sie endgültig im Schluchtengewirr verschwinden, gleiten die Boote noch einmal an Kiefernwäldern und grünen Wiesen vorbei. Am Yampa River schießt Powell wie an jeder Flußmündung mit dem Sextanten die Sonne und läßt den interessierten Trapper Dunn auf dem Chronometer die Zeit ablesen, um die genaue Position errechnen und in einer Karte verzeichnen zu können. Auch das Barometer wird dreimal täglich aus seinem schützenden Kasten geholt, um die Höhe des Flußgefälles zu messen. Die Quecksilbersäule in der langen Glasröhre zeigt den Luftdruck an, der je nach Abstand von der Höhe Null abnimmt.

Kingfisher tauft Powell die nächste Schlucht, deren Felswände den Fluß 800 Meter hoch einkeilen. Nun donnern die Wassermassen so bedrohlich, daß der vorsichtige Powell die Boote und Ausrüstung nicht aufs Spiel setzen will. Hier hat die Vergnügungsfahrt ein Ende, und monatelange Knochenarbeit beginnt. „Portagen und treideln" befiehlt der Major. Die Mannschaft schleppt zentnerweise Verpflegung und Ausrüstung über Stock und Stein und läßt dann die Boote über die reißenden Schnellen hinweg ins Unterwasser ab.

Eine gefährliche Schinderei ist das. Die Männer müssen im schnell fließenden Wasser auf glitschigen Felsen Halt suchen, rutschen aus und schlagen sich die Knochen blutig oder werden vom Fluß mitgerissen. Schlotternd schuften sie im eiskalten Fluß, der vom Schmelzwasser der Wind River- und Wasatch-Berge gespeist wird. Obwohl das Treideln zur Routine wird, ist es 62mal die gleiche brutale, gefährliche und nervenaufreibende Quälerei. Am wüstesten schimpfen die Männer, wenn die Wasserfälle so reißend sind, daß sie die schweren, vollgesogenen Eichenboote um die einzelnen Hindernisse schleppen müssen.

Am Abend sind die Abenteurer so erschöpft, daß sie kaum die einfachen Armeezelte aufbauen können. Bill Hawkins, der Koch der Truppe, legt einen Steinkreis für das Feuer, hämmert zu beiden Seiten eine Astgabel in den Boden und hängt den Kaffeetopf an die Querstange. Er kocht das Pökelfleisch, um den Salzgehalt zu verringern, und knetet in der eisernen Pfanne Sauerteig. Zu jeder Mahlzeit werden getrocknete Äpfel ver-

Tag für Tag muß das feucht gewordene Mehl durch Moskitonetze gesiebt werden, damit es nicht fermentiert. Obwohl sie Verpflegung für zehn Monate mitgenommen haben, leiden die Flußfahrer schon nach vier Wochen Hunger.

teilt. Davon haben sie mehr als genug mitgenommen, um der Gefahr von Skorbut vorzubeugen. Die Männer trocknen ihre nasse Kleidung und schmauchen ein Pfeifchen, spielen Karten oder schreiben.

Hexenkessel

Die Nachwelt kennt den Ablauf der Expedition nur aus Powells erst Jahre nach der Reise verfaßtem Bestseller *The Exploration of the Colorado River and its Canyons*. Allerdings werden in diesem Buch einige wichtige Ereignisse einfach weggelassen oder verfälscht, andere zum Ruhme des Autors aufgebauscht, wird die Leistung der Flußfahrer herabgesetzt und manch ein Begleiter sogar verleumdet. Wir aber schauen uns auch den fehlbaren Menschen an, wie ihn seine Männer beschreiben. An die Bootswand der *Emma Dean* gelehnt, notiert der Pelzhändler Jack Sumner die Geschehnisse bei flackerndem Kerzenschein in sein Tagebuch, das der Major am Ende der Reise einfach beschlagnahmt und für seinen eigenen Bericht ausschlachtet. Unbemerkt von seinen Kameraden, kritzelt auch Ex-Sergeant Bradley mit dickem Bleistift in eine Kladde. Erst hundert Jahre später tauchen die vergilbten Blätter zufällig in einer Bibliothek auf. Die übrigen Informationen zur Rekonstruktion der Flußfahrt stammen aus dem Stenogramm eines Interviews, das Hawkins vor hundert Jahren gegeben hat.

Während der Pelzhändler und Pfadfinder John Sumner (oben) und der Koch der Mannschaft, William Hawkins (unten), den Expeditionsleiter als fehlbaren Menschen beschreiben, stilisiert sich Powell selbst in seinem Bericht zum beispiellosen Helden.

Am 1. Juni entdecken die Ruderer überrascht, daß schon 44 Jahre vor ihnen verwegene Männer den einsamen Flußabschnitt befahren haben. „Ashley 1825" steht in den Uferfelsen geritzt. Aufgeregt spekulieren sie über das Schicksal des mysteriösen Mannes. Ashley? Nie von ihm gehört. Dabei hatte General Ashley 1826 im *St. Louis Enquirer* seine todesmutige Flußfahrt beschrieben. Der Anführer einer Trapperbrigade war auf der Suche nach neuen Fanggründen für Biber, auf deren wertvolle Pelze er es abgesehen hatte. Mit primitiven *Bullboats*, Rundbooten aus getrockneten Tierhäuten, wie sie die Indianer im Norden Amerikas benutzten, trieben die Pfadfinder den Green River hinunter, der damals Spanish River hieß, weil der Südwesten von Texas bis Kalifornien noch zu Mexiko gehörte. Doch die Lederboote wurden von den Wassermassen zerrissen, vier der sechs Hasardeure ertranken.

Vielleicht wäre die Powell-Crew vorsichtiger gewesen, wenn sie das Schicksal ihrer Vorreiter gekannt hätte. Aber wäre dadurch das Unglück 16 Tage nach dem Start vermieden worden? Es passiert im *Canyon of Lodore* nach „dem gottverdammten Terror einer zwanzig Meilen langen Folge gefährlicher Rapids". Oramel Howland sollte die *No Name* hier zum letztenmal steuern. Die *Emma Dean*, die *Maid of the Canyon* und die *Kittie Clyde's Sister* warten vor der Stromschnelle im ruhigen Stauwasser. Zu wild kocht das brodelnde Wasser, zu weit ragt das Geröll der Felsablagerungen hervor, die den Green stauen und so den Fall erzeugen. Da gibt es keine sichere Fahrrinne. Plötzlich schießt die *No Name* in den Hexenkessel. Den Männern klopft vor Aufregung das Herz. Angst? Nein, Angst haben sie im Augenblick höchster Gefahr nicht, alle Sinne sind aufs Überleben konzentriert. Ein furchterregender Veitstanz beutelt das Boot, reißt den entsetzten Männern die Ruder aus den Händen, wirbelt die wehrlose Nußschale hoch auf einen Wellenkamm und drischt sie krachend gegen einen Felsen. Hilflos hetzen die Kameraden am Ufer entlang und sehen, wie die lädierte *No Name* von der rasenden Strömung mitgerissen wird. Krampfhaft klammern sich die Howland-Brüder und Goodman ans Dollbord und werden mit einem heftigen Schlag in die schäumende Gischt geschleudert. Das Boot ist breitseits an einem unsichtbaren Stein zerschellt. Im letzten Augenblick bekommen die Schiffbrüchigen das abgebrochene Heck zu fassen. In rasendem Tempo sausen sie in die nächste Schnelle. Aber dann zertrümmert ein Felsblock auch den kümmerlichen Rest der *No Name*. Oramel Howland kämpft sich mit letzter Kraft bis zu einer Sandbank und zieht seinen völlig erschöpften Bruder mit Hilfe eines Stücks Treibholz aus dem Fluß. Goodman rettet sich wasserspuckend auf einen Felsblock. „Zehn Meter weiter hätte nichts und niemand die Männer retten können", schreibt Jack Sumner in sein Tagebuch, „weil dort das Wasser zur unentrinnbaren Hölle wurde." Der Major hat nur für sich einen Rettungsgürtel mitgebracht. An seine Männer hat er nicht gedacht. Heute dürfen sich Abenteurer laut Vorschrift nur mit Rettungsweste in die Stromschnellen der *Canyonlands* wagen, weil ohne sie kaum jemand den Sturz ins Wildwasser überlebt.

Der letzte weiße Flecken auf der Landkarte der Vereinigten Staaten: das Canyon-Labyrinth der Flüsse Green und Colorado. Über zwei Monate kämpfte sich das Expeditionsteam durch das 1500 Kilometer lange Schluchtengewirr.

Disaster Falls nennen sie den Unglücksort, und ein Desaster ist es nicht nur, weil fast ein Drittel der Ausrüstung und Verpflegung schon am Anfang der Expedition verlorengeht, sondern weil es zudem tiefe Wunden reißt, die monatelang schwären und schließlich eine Tragödie auslösen. Powell schreibt lediglich, daß er froh sei über die Bergung der wichtigen Barometer durch seine „braven, guten Männer", und schmunzelt über ihren Jubel, den die Rettung eines Drei-Gallonen-Fäßchens geschmuggelten Whiskys auslöst. Sumner dagegen beschreibt die Situation viel dramatischer. „Der

Schiffbruch stand am Beginn vieler Streitereien", berichtet er. „Kaum stieg Howland an Land, verlangte der Major wütend eine Erklärung, warum er nicht auf sein Flaggensignal reagiert habe, und machte ihn mit harten Worten für den unersetzlichen Verlust verantwortlich. Howland antwortete jedoch entrüstet, er habe keine Zeichen gesehen, und wir anderen konnten das nur bestätigen."

Powell aber versteigt sich mehr und mehr in seine ungerechten Vorwürfe. Der Major leitet die Expedition mit militärischer Disziplin. Doch die freiheitsliebenden Westmänner wollen den barschen Befehlston des Expeditionsleiters nicht akzeptieren. Goodmans Bedarf an Abenteuern ist gedeckt. Am 16. Tag der mörderischen Erkundungstour nutzt der Globetrotter die letzte Gelegenheit, der Canyonwelt zu entfliehen, und macht sich über eine nahe Missionsstation bei den Ute-Indianern zu Fuß auf den langen Weg zurück in die Zivilisation.

Der trostlose Canyon

Am 9. Juni notiert Bradley: „Die Landschaft ist erhaben. Der rote Sandstein ragt hier 700 Meter hoch, so daß kaum Sonnenlicht in die Schlucht fällt, während zu unseren Füßen der schaumgepeitschte Fluß mit unglaublicher Wildheit dahinstürzt. Oh, wie groß ist Er doch, der alles in seiner hohlen Hand hält, und was für Pygmäen sind wir, die wir gegen diese Naturgewalten ankämpfen."

Zwei Tage später heißt es in seinem Tagebuch: „Haben den ganzen Tag wie Galeerensklaven geschuftet ... Wo wir heute abend rasten, brüllt und schäumt der Fluß, als sei er ein wildes Tier ... Den ganzen Tag waren wir klatschnaß, weil das Wasser dauernd ins Boot spritzt. Es ist unmöglich, irgend etwas trocken zu halten."

Von nun an wird der Green zum Fluß ohne Wiederkehr. Die Männer kennen das Risiko, und ihr Einsatz ist das Leben. Flucht nach vorn heißt die Devise. Aus den Tiefen der Canyons aufzusteigen würde bedeuten, in der glühenden Felswüste der Oberwelt zu verdursten oder von Indianern massakriert zu werden. Entweder in den tosenden Strudeln der Katarakte ersaufen oder als Helden aus der Unterwelt emporsteigen – eine dritte Möglichkeit gibt es für Powell und seine Leute nicht. Die Herausforderung und Verlockung des Unbekannten ist es ja, was Abenteurer seit jeher gefährliche Risiken eingehen läßt. Die Rätsel und Geheimnisse da vorne zu lösen, das macht den Reiz des Flußabenteuers aus, als erster seinen Fuß auf einen Flecken Erde setzen, den noch nie zuvor jemand betreten hat.

Wegen ihrer Trostlosigkeit taufen sie die nächste Schlucht *Desolation Canyon*. Wieder und wieder schleppen sie die schweren Boote an reißenden Wasserfällen vorbei über unwegsame Geröllstreifen, hieven und zerren, schwitzen, stöhnen und fluchen. Viel lieber würden die mürrischen

Männer die Achterbahnfahrt auf dem Fluß wagen, um schneller voranzukommen, aber der Major unterbindet jeden Leichtsinn. Er ist Wissenschaftler, kein Abenteurer.

„Die Portage hat uns fast einen ganzen Tag lang auf Trab gehalten", schimpft Sumner. „Wir mußten die Boote über einen 15 Meter hohen Hügel wuchten und dann an Leinen bis zum Fuß der Schnelle ablassen." Und weiter heißt es: „Frische Mokassin-Spuren im Sand alarmierten mich aufs höchste ... Was für eine leichte Beute wären wir doch, wenn Indianer uns von den Felsen herab angriffen, um unseren Proviant zu rauben." Noch leben nicht alle Indianer im Südwesten gezähmt in Reservaten. Kleine Banden ziehen herum, hungrige Ute, Paiute und Shiwit, im Süden Navahoe und Havasupai. Keiner traut ihnen über den Weg, allzugroß sind die Vorurteile.

Trotz aller Vorsicht erwischt es dann die *Emma Dean*. Das Boot schlägt voll Wasser. Powell hockt auf den Bodenbrettern und schöpft wie besessen mit der einen Hand. Dann schlägt eine Breitseite das Boot um. Sumner und Dunn schieben den hilflosen Major mit letzter Kraft auf den Buckel des Kiels und treiben selbst ins Unterwasser, unter Verlust von zwei Gewehren und Bettzeug. „Wir brachen viele Ruder und die meisten Gebote", notiert Sumner lakonisch.

„Es dauerte nicht lange, und wir verloren unsere Hüte", berichtet Hawkins. „Durch die ständige Feuchtigkeit begann unsere Kleidung auseinanderzufallen. Da ich mir nicht ganz sicher war, ob das Gesetz Nacktheit ahndet, schnitt ich Streifen in mein Hemd und band sie zwischen den Bei-

Zwei Monate zermürbender Knochenarbeit: Um Ausrüstung und Verpflegung nicht zu verlieren, müssen die Entdecker die schweren, mit Wasser vollgesogenen Eichenboote um die gefährlichsten Stromschnellen schleppen und unter großen Mühen abseilen.

nen zusammen, damit ich im Wasser nicht behindert wurde. Major Powell sagte, er sei vorschriftsmäßig bekleidet, wenn er nur seine Rettungsweste anhabe."

Bald darauf starren die entkräfteten Männer voller Schrecken auf die *Maid of the Canyon*. Beim Treideln hat sich das Boot losgerissen und treibt auf eine Felsgruppe zu. Wenn sie verlorenginge, bedeutete dies das Ende des ehrgeizigen Unternehmens. Zum Glück kann der kräftige Walter Powell die Heckleine packen und erwischt das Boot. Während der Mittagsrast scheint das Schicksal der Expedition dann doch besiegelt. Eine plötz-

Fast wäre es schon am Beginn der Expedition zur Katastrophe gekommen, als sich der einarmige Major Powell in einer Felswand versteigt. „Ich saß fest. Rief Sergeant Bradley, der über mir kletterte. Muskeln begannen zu zittern. Schwebte 22 Meter über dem Abgrund. Bradley zog seine Unterhosen aus und ließ sie zu mir runter."

liche Bö fegt Funken vom Kochfeuer ins Ufergebüsch, das trockene Holz lodert auf in einem flammenden Inferno. In panischem Schrecken springen die aufgescheuchten Männer in die Boote. Hawkins greift rasch einen Armvoll Kochgeschirr, stolpert jedoch über ein Ruder und läßt die wichtigen Utensilien im Green River versinken. Glücklicherweise sind nur Haare und Kleider leicht versengt.

Die Auspizien scheinen nicht günstig zu stehen. Glaubt man der Beschreibung Powells, so verunglückte er beinahe tödlich. Während seine Leute bei Portagen schuften oder treideln, nutzt der Wissenschaftler die Zeit zu Exkursionen, erkundet Seitentäler, untersucht Sedimentablagerungen und sucht nach Fossilien. Wenn der erfahrene Bergkletterer einen Ausstieg aus den tiefen Canyons entdeckt, klettert er nach oben und vermißt mit teleskopartigen Theodoliten das zerklüftete Gelände. Einmal versteigt sich Powell in einer allzu steilen Wand, kann weder vor noch zurück. Bradley klettert ein paar Meter über seinem Chef. Geistesgegenwärtig zieht der Ex-Soldat sein einziges Kleidungsstück aus: *Longjohns*, lange, durchgehende Unterwäsche, wie sie zu jener Zeit jedermann im Westen trägt. Der nackte Bradley läßt das delikate Utensil zum Major herab und zieht ihn auf eine sichere Felskante.

Land des Regenbogens

Goosenecks, Gänsehälse, oder *Bowknots*, Schifferknoten, nennt Powell die Flußschleifen des Green und Colorado, die sich in Jahrmillionen ihren Weg durch den Fels gewaschen haben.

Sumners Amphitheatre, Split Canyon und *Gray Canyon, Whirlpool Canyon* und *Labyrinth Canyon* – eine ununterbrochene Folge tiefeingeschnittener Schluchten. Die Sonne sieht man nur zur Mittagszeit. Mal ist es brütend heiß, mal heulen kalte Regenstürme durch die engen Klüfte. Am schlimmsten sind die Sandstürme, die die verbrannte Haut der halbnackten Männer peitschen und dabei „eine infernalische Musik machen“. Nacheinander passieren die Männer die Einmündungen des Uinta und des White, des Price und des San Rafael. *Goosenecks*, Gänsehälse, nennen sie die unendliche Folge der engen Flußschleifen, Kurven und Schlingen. Dort, wo das Gestein am weichsten ist, hat sich das Wasser einen tiefen Weg durch den Fels gefressen. An jeder Biegung liest Oramel Howland den Kompaß ab, um den Verlauf des Flusses aufzeichnen zu können.

Zermürbend ist die schleppende Fahrt auf dem verschlungenen Fluß. Nun aber haben die Männer Muße, auch mit den Sinnen zu verweilen, wenn die Boote scheinbar schwerelos auf dem Wasser dahintreiben. Versonnen schauen sie dem gleißenden Tanz der Sonnenstrahlen zu, die in allen Farben des Regenbogens auf dem Wasserspiegel flimmern, und lassen sich vom Glucksen der Wellen einlullen.

Wir wissen nur sehr wenig über die Bootsleute. Junge, ungebundene Männer waren es, die alle Brücken hinter sich abbrachen, um ihre Zukunft im fernen Westen zu suchen. „Go West, young man!" lautete der unwiderstehliche Ruf, dem Abertausende folgten. Diese Männer, die das Grenzenlose suchen, wissen, daß sie an einer großen, sensationellen Sache teilnehmen, und sie hoffen, daß auch sie einen Teil des Ruhms ernten werden, den diese Flußexpedition verspricht.

Ihre Vorbilder sind bekannte Entdecker wie Meriwether Lewis und William Clark, die als erste das weite Land der Vereinigten Staaten von Ost nach West durchquert haben, oder der galante Freemont, der vor dem Bürgerkrieg große Teile des Westens erkundet und kartiert hat. Es war übrigens auch gar nicht Powells Idee gewesen, die Unterwelt des unbekannten geheimnisvollen Canyonlandes zu erforschen, sondern ein Vorschlag des Kundschafters Jack Sumner. Powell hatte ursprünglich nur die Oberwelt des Südwestens vermessen wollen, was er natürlich später nie zugegeben hat.

Die Entdecker durchfahren ein „Land der Schönheit, der Erhabenheit und Wunder … Überall entlang den Wänden sind kuppelförmige Balkone und Amphitheater aus dem harten Gestein gehauen", staunt Powell. „Un-

„Ich bin kein Abenteurer, sondern Wissenschaftler", betont John Wesley Powell. In regelmäßigen Abständen vermessen seine Männer die Zyklopenlandschaft, wie hier die Felsbögen im heutigen *Arches National Park* im Südosten Utahs.

mengen Grotten und Höhlen, enge Schluchten, kleine Flußkanäle, die der Regen geschaffen hat ... Der stete Wechsel geologischer Formationen verändert fortwährend die Szenerie. Hohe Wände schließen einen gewundenen Fluß ein. Gerade noch von der Außenwelt ausgesperrt, offenbart eine Öffnung plötzlich immer neue unglaubliche Naturschönheiten. Der Landschaftseindruck wird noch durch ein Gefühl der Beklemmung intensiviert, schattenhaft aufsteigendes Grauen vor dem Unbekannten, das stets im Hinterkopf lauert."

Dann folgt *Toom' pin Tuweap'*, das grandiose „Felsland" der Paiute, ein phantastischer Skulpturengarten mit märchenhaft anmutenden, skurrilen Gesteinsformen. Die Burgfestungen mythischer Riesen zerbröckelten in Jahrmillionen zu gigantischen Ruinen. Endlos die Weite des blauen Himmels über dem kahlen Land. Nur hier und da krallen sich die harten Wurzeln des krüppligen Utah-Wacholders in Felsritzen fest.

„Land des Regenbogens" heißt es in der Sprache der Indianer wegen seiner Farbenpracht. Vielfarbige Feuer scheinen im Fels zu brennen, die Steine rosten buchstäblich in allen Rotschattierungen. Sie werden von Metalloxyden hervorgerufen, Resten eisenhaltigen Erosionsschuttes, der das Gestein in Farbabstufungen von Lachs über Zinnober bis Orange, Altrosa und Schokoladenbraun durchzieht. In der Ferne leuchten die Schneekuppen der La Sal- und Henry-Mountains.

Am 17. Juli erreichen die ausgelaugten Abenteurer endlich den Zusammenfluß von Green und Colorado. „Rote Farbe" tauften die Spanier den schlammroten wilden Fluß, der in frostigen 4000 Metern Höhe auf den

Weil sie in den wüsten Wellenstrudeln wie Streichhölzer brechen, müssen immer wieder neue Ruder aus Treibholz geschnitzt werden. Auch das Kalfatern der ramponierten Boote mit erhitztem Kiefernharz wird bald zur Routine.

Gipfeln der Rocky Mountains entspringt und nach einer stürmischen Reise von 2400 Kilometern in den Pazifik mündet.

Es ist ein überwältigendes Gefühl, die Verschmelzung zweier riesiger Schluchten, *Stillwater Canyon* und *Meander Canyon*, tief im Schoß der Erde zu bestaunen. Zwei aufregende, kräftezehrende Monate voller Ungewißheit liegen hinter der kleinen Entdeckerschar. Ein steter Wechsel von Hochgefühl und Enttäuschung. Rast für Leib und Seele ist dringend vonnöten. Die Männer flicken ihre zerrissene Kleidung, schnitzen mühselig Ersatzruder aus Treibholz und kalfatern die ramponierten Boote mit erhitztem Krüppelkiefernharz.

Hawkins inspiziert naserümpfend die Verpflegung. Achtzig Prozent sind aufgebraucht, weggespült oder verdorben. Die Trockenäpfel schimmeln, gerade mal zweihundert Pfund nasses, fermentiertes Mehl sind übrig und werden durch Moskitonetze gesiebt. Das Pökelfleisch ist ranzig, nur den Kaffeebohnen scheint die Nässe nichts anzuhaben. Dunn und Sumner haben zwei Bighorn-Schafe erlegt. Welch ein willkommenes Festessen nach wochenlanger Einheitskost. Und immer wieder lesen wir bei Sumner: „Powell-Howland-Streiterei nimmt kein Ende!“

„Drecksteufel“

„Die nächsten Tage bewältigten wir anstrengende Portagen um die schlimmsten Rapids, die wir bisher gesehen haben. An einer Stelle machten wir auf einer Strecke von einem Kilometer drei Portagen“, schreibt Sumner in seinem Tagebuch. *Paruvuneap*, „Donnerschlucht“, nennen die Paiute den Canyon ehrfürchtig. „*Cataract Canyon*, 41 Meilen“, trägt Powell in seine Karte ein. *Big Drop 1, 2, 3* – das sind bei Hochwasser auch heute noch die gefürchtetsten Wasserwalzen Amerikas.

Die vereinten Flüsse haben es plötzlich eilig, das Meer zu erreichen. Geschwindigkeit und Wassermenge verdoppeln sich. Immer wieder Treideln und mühselige Portagen über steiniges Terrain. Immer schwerer scheinen die wasserdurchtränkten Boote zu werden, die die Männer über Felsbrocken, Risse und Spalten hieven müssen. Die Muskeln schmerzen, die Haut ist aufgeschürft, die Füße bluten. Die schweren Stiefel sind fast auseinandergefallen, das Leder im Wasser aufgequollen, Sohlen abgerissen. Kein Abend, an dem die überforderten Männer nicht völlig erschöpft in den Schlaf sinken. An manchen Tagen schaffen sie gerade mal eine Meile.

Und dann geht Powell doch ein Wagnis ein. Wie immer schreit Steuermann Sumner Powell und Dunn gegen den brüllenden Fluß Warnungen zu: „Brecher von rechts!“ „Felsen voraus!“, „Ruder Backbord!“, „Ruder Steuerbord!“, aber meist werden ihre erregten Stimmen vom Dröhnen des Wassers verschluckt. Blutige Blasen haben sie schon lange nicht mehr,

Immer wieder kentern die Flußfahrer im reißenden Wildwasser. Es ist ein Wunder, daß niemand ertrinkt, trägt doch nur der einarmige Expeditionsleiter eine Schwimmweste.

inzwischen schützt dicke Hornhaut die ramponierten Hände. Aber wieder und wieder rammt ihnen das tobende Wasser die Ruder in den Bauch, reißen die Riemen Haut von den Knöcheln. Der Fluß stürzt in einem Wasserfall über die Felskante und reißt dabei große Luftmassen mit, die das Wasser darunter in einen brodelnden Kessel verwandeln. „Loch" heißen solche gefährlichen Turbulenzen in der Fachsprache, von denen eine die *Emma Dean* umreißt. Sumner schreibt: „Die *Emma Dean* drehte sich in einem schrecklichen Strudel, und Dunn und ich ruderten wie Berserker, um unser Leben zu retten. Wir wurden herumgewirbelt wie eine Roulettekugel. Als wir an einem zehn Meter entfernten Felsen vorbeidrehten, glaubte ich eine Chance zu haben, das Boot frei zu bekommen. Ich packte eine Leine mit den Zähnen, machte einen verzweifelten Sprung und erreichte knapp den Felsen. Den Tod im Nacken, zog ich den Bootsbug mit letzter Kraft aus dem Strudel."

Die Kluft zwischen den Powell-Brüdern und dem Rest der Mannschaft wird immer größer, was Powell bezeichnenderweise mit keinem Wort erwähnt. „Dirty Devil", Drecksteufel, beschimpft Powell einen seiner treuesten Bootsmänner, Bill Dunn, dessen beherztem Einsatz der Major mehr als einmal sein Leben zu verdanken hatte. Beim Treideln verfängt sich der junge Trapper in einer Belegleine und wird unter Wasser gezogen. Der Verlust: ein Chronometer, das Dunn unvorsichtigerweise in seine Hosentasche gesteckt hatte. „Der Major fing an zu schimpfen", berichtet William Hawkins, „und verlangte nach einer hitzigen Auseinandersetzung mit Oramel Howland, daß Dunn die Uhr bezahlen müsse oder, wenn er sich weigere, die Expedition verlassen solle … Als ich und Hall uns zu sagen erlaubten, daß man wegen der steilen Wände unmöglich aus dem Canyon steigen könne und da oben nur der Tod warte, verbot er uns den Mund." Jack Sumner „platzte fast vor Wut": „Ich sagte, wer freiwillig gehen wolle, könne das tun, aber niemand dürfe gezwungen werden, die Expedition zu verlassen. Und als der Major brüllte, nur er kommandiere und führe die Expedition, antwortete ich, er könne soviel reden, wie er wolle, aber er habe ab sofort aufzuhören, Howland und Dunn zu schikanieren."

Die empörten Männer beschließen, Dunn nicht im Stich zu lassen. Als Powell seine Expedition gefährdet sieht, erlaubt er Dunn wutentbrannt, weiterzufahren, fordert aber, daß dieser am Ende der Reise 30 Dollar für die Uhr bezahlen müsse und dazu das von ihm verzehrte Essen.

Als die Mannschaft am nächsten Tag unpassierbare Fälle erreicht und die Boote abseilen muß, kommt es zum endgültigen Bruch. Es ist das erstemal, daß Powell sich an einer Treidelaktion beteiligt. Als sich Dunns Füße in einer Leine verfingen, versuchte der Major, Dunn zu ertränken, indem er ihn an der Belegleine unter Wasser zog. Hawkins berichtet: „Als der kräftige Trapper prustend wieder aus dem Wasser auftauchte, ging die Streiterei los. Ein Wort ergab das andere, der Major beschimpfte Dunn mit üblen Worten, und Dunn sagte, wenn der Major kein Krüppel wäre, würde er es ihm schon zeigen. Da schrie Walter Powell, sein Bruder sei kein Krüppel, stürzte mit einem Fluch auf Dunn zu und zischte, er würde ihn alle machen. Um Dunn im Wasser zu erreichen, mußte er an mir vorbei, und ich wußte, er würde Dunn ersäufen, weil er viel mehr Kraft hatte. Er fluchte, und seine Augen sprühten Feuer. Als er an mir vorbeitobte, packte ich sein Haar und zog ihn rückwärts unter Wasser ... Er war außer sich. Ich glaube, er war wirklich verrückt ... Er drohte mich und Dunn zu erschießen. Als er ein Gewehr vom Deck seines Bootes nahm, schlug ihm Andy Hall mit seinem Schießeisen hinters Ohr und befahl ihm, die Waffe zurückzulegen, oder er würde ihm den Kopf wegblasen ... Sumner und ich hatten alle Mühe, eine Meuterei zu verhindern. Von da an erkannten wir die Autorität des Majors nicht mehr an."

So wie Powell den Streit mit Oramel Howland in seinem Reisebericht zu erwähnen „vergißt", erfährt der Leser auch nichts von der gewalttätigen Auseinandersetzung mit Bill Dunn. Er, der darauf aus war, großen Ruhm als Entdeckerheld zu erlangen, wußte wohl, was für einen schlechten Eindruck sein Verhalten machen würde, weshalb er die Männer in seinen Aufzeichnungen als „vortrefflich und hochherzig" lobte.

Powells gefühlloses, nachtragendes Benehmen beweist, daß ihn nur eines interessierte: seine wissenschaftlichen Forschungen und der Nimbus des Entdeckers. Die Bootsmänner waren für den Professor nur Diener seiner Mission und nicht Partner bei einem gefahrvollen Gemeinschaftsunternehmen. Das Schicksal seiner Gehilfen war ihm gleichgültig, wie es für viele große Entdecker gilt. Hat die Geschichte je nach den Verlierern gefragt, den zahllosen Gefährten, die auf der Strecke blieben, ohne die aber so mancher Entdecker nie sein Ziel, nie die erhoffte Unsterblichkeit errungen hätte? Der Ruhm gebührt nur dem einen, dem Sieger, die übrigen fallen dem Vergessen anheim.

Aus der anfänglich großen Bewunderung für Powell war Verachtung geworden. Nun kämpfte die enttäuschte Mannschaft nur noch darum, so schnell wie möglich dem Alptraum der endlosen Canyons zu entkommen.

Anazazi – Die Alten

Tatsächlich scheint das wilde Toben der Wassermassen ein Ende zu nehmen. Die Boote lassen die steilen Kerkerwände des *Cataract Canyon* hinter sich und fahren durch sanftere Flußgefilde. *Dirty Devil*, „Drecksteufel“, nennt Powell einen nach Sulfaten stinkenden Fluß, der von Westen kommend in den Glen Canyon mündet, und setzt Dunn so ein wenig freundliches Denkmal. *Glen* ist schottisch und bedeutet Schlucht. Heute liegen die malerischen Naturwunder dieses Canyons unter einem riesigen See begraben, dessen azurblaue Wasserfläche einen fremdartigen Kontrast zur rotgelben Wüstenkulisse bildet. Der 300 Kilometer lange künstliche See ist das zweitgrößte Wasserreservoir der Erde und heißt zu Ehren des Majors Lake Powell.

Im Glen Canyon entdeckt Powell hoch oben an der Canyonwand kleine, aus Steinbrocken aufeinandergeschichtete Kammern. Man muß schon genau hinsehen, um die zur Flußseite hin vermauerten Kornspeicher der Anazazi unter den Felsüberhängen zu erspähen. Anazazi, „Die Alten“, nennt man die Ureinwohner, die in den Canyons des Südwestens ihre

Hoch oben in einer Felswand über dem *Nankoweap Creek* entdecken die Forscher im Grand Canyon einen Kornspeicher der Anazazi-Indianer.

„Der Kalkstein im Canyon ist oft so glattpoliert, daß er wie schöner Marmor schimmert", schreibt Powell am 8. August 1869 in sein Tagebuch. Die steilen Felsklüfte am Anfang des Grand Canyon nennt der Major *Marble Canyon*, Marmorschlucht.

Wohnverstecke bauten. Nicht weit entfernt erkennt Powell eine dreigeschossige Wohnhöhle in der Felswand. Eine verfallene Leiter führt in den heiligen, kreisrunden Versammlungsort der einstigen Canyon-Bewohner, den *Kiva*. Der Forscher findet zerbrochene Tontöpfe und Mahlsteine. Nahe der Klippenwohnungen versucht er, Petroglyphen zu entziffern, in Stein geritzte Sonnenräder, Jagdbilder und undefinierbare Symbole. Immer wieder begegnen ihm auf seiner Colorado-Expedition Zeugnisse des sagenhaften Volkes. Im 11. Jahrhundert lebten mindestens tausend Menschen im Grand Canyon, der heute so lebensfeindlich zu sein scheint. Im 13. Jahrhundert wurden die Anazazi durch eine lange Dürreperiode aus ihren Felsnestern vertrieben. Bergschafe, Kaninchen und Maultierhirsche, Kakteenfrüchte und Mesquitebohnen lockten Jäger und Sammler an, und am Flußsaum konnten seßhafte Bauern schmale Felder bestellen. Die Tiefe des Canyons bietet im Winter auch Schutz vor Kälte. Während es am Rand der Schlucht schneit, ist es anderthalb Kilometer tiefer frostfrei. Ruinen der zahlreichen Anazazi-Siedlungen findet man in einem Radius von etwa 200 Kilometern um das Vierländereck Colorado, Utah, Arizona und New Mexico. Große, im Schluchtenland versteckte Siedlungen wie *Mesa Verde* und *Canyon de Chelly* oder Dorfanlagen wie *Canyon Bomito* und *Chaco Canyon* zeugen von einer einst weitverzweigten, blühenden Kultur.

1200 Kilometer Niemandsland haben die Männer erforscht, doch mittlerweile sind sie müde, unterernährt, fast ohne Kleidung und Stiefel. Ihnen bleibt nicht einmal eine Decke pro Mann und nur eine durchlöcherte Plane, um sich vor den Monsunstürmen zu schützen, die um diese Zeit häufig durch die Schluchten toben.

Was den Männer nach dem Glen Canyon überwunden schien, ist erst der Anfang der schlimmsten Herausforderung. Tiefer und tiefer frißt sich der Colorado in das Gestein. Sechs Tage lang fahren die Boote durch immer neue Felsschründe, und so glänzend und glattgewaschen sind die Wände hier, daß sie Powell an Marmor erinnern – *Marble Canyon*. Was wie Marmor aussieht, ist in Wirklichkeit aus Kleinstlebewesen entstandener Kalkstein. 300 Meter ist er dick und mit einem Alter von 355 Millionen Jahren verhältnismäßig jung. Die Wände, die über Powells Truppe aufragen, waren vor ihrer Entstehung zunächst Meeresboden, dann Küstenregionen und Sanddünen. Die Farbenpracht der Felsregion ist an ihren Namen abzulesen: *Chocolate-Cliffs, Kodachrome Basin, Rainbow Plateau*. Hätte Powell genug Zeit zum Suchen gehabt, wäre er sicher in den zinnoberroten *Vermillion Cliffs* auf Fossilien von 245 Millionen Jahre alten Fischen und Reptilien gestoßen.

Die Durchquerung der Marmor-Schlucht bedeutet wieder Knochenarbeit. Die Leinen belegen und die Boote um die Rapids *Badger Creek*, *House Rock* und *Soap Creek* treideln und um die meisten der *Roaring Twenties*, eine schnelle Abfolge von neun weiteren Kaskaden. Plötzlich öffnet sich vor ihnen der Fels. Ein mystischer, spiritueller Ort. Die Boote landen am Strand einer riesigen, langgestreckten Höhle, die das Wasser in Jahrmillionen tief in die Canyonwand gespült hat. So groß, wie Powell behauptet, ist die *Red Wall Cavern* allerdings nicht. Statt 50 000 Menschen – so seine übertriebene Schätzung – würde die Höhle höchstens 5000 fassen.

Aus den unterschiedlich harten Sandsteinschichten hat der Colorado im *Marble Canyon* eine sakrale Riesenhöhle gegraben. Die ersten Besucher hätten sich gewiß nicht träumen lassen, daß an diesem mystischen Ort seit 1980 einmal im Jahr klassische Konzerte veranstaltet werden.

Powell bauscht seine Entdeckungen gerne auf, um sie bedeutungsvoller oder die damit verbundenen Gefahren noch schlimmer erscheinen zu lassen.

Ins „Große Unbekannte"

„Es kam mir vor wie der Vorhof zur Hölle", schaudert ein Bootsmann, als der Entdecker-Trupp ins „Große Unbekannte" fährt, in die Unterwelt des Grand Canyon. Was vor zwei Monaten wie ein Abenteuer begann, wird zum Kampf ums nackte Leben.

Wenn man nicht gerade auf einer Stromschnelle reitet, wie auf dem Rücken eines bockenden Wildpferdes, oder im Frühjahr die Schneeschmelze das Wasser in reißenden Kaskaden von den Rocky Mountains spült, erscheint der Colorado als zahmer Riese. Natürliche Dämme aus Steinblöcken stauen das Wasser kilometerweit auf und lassen den Fluß mit einer Geschwindigkeit von sechs Stundenkilometern flach und ruhig dahinfließen. Fällt der Colorado aber plötzlich über eine Dammkante, bäumt sich das Wasser stürmisch auf. An vielen Schnellen fällt der Fluß fünf Meter ab, an der größten, der *Hance Rapid,* sogar zehn. Beladen mit Mineralstoffen und Sedimenten, drängt der „Rote" abwärts und zerreibt mit seiner Strömung seit Jahrmillionen Felsbrocken zu Kies. Als ihn noch nicht die vielen Staudämme lähmten, trug er in einer einzigen

Hochwassersaison unvorstellbare 55 Millionen Tonnen zermahlenen Gesteins zum Meer. Nur noch die Hälfte seiner Masse war Wasser. *Tse anninniditti*, „Granitzermalmer", nennen die Ureinwohner den gefräßigen Colorado.

Bei Meile 61,5 – nach heutiger Rechnung – erreicht Powells Mannschaft die schlammig-braune Mündung des Little Colorado, den schon die Spanier den „Kleinen" nannten, *Colorado Chiquito*. Drei Tage pausiert der Major hier, um die Gegend zu erkunden. Erst Jahre später schreibt er seine berühmtesten Zeilen über die Angst vor dem „unbekannten Terror", der an dieser Stelle vor ihnen liegt: „13. August. Wir machen uns bereit zur Fahrt ins Große Unbekannte ... Wir sind eine Dreiviertel Meile tief in der Erde gefangen, und zornige Wellen stürzen sich gegen die Felsen, die zur Welt da oben hinaufragen und den Fluß immer enger zusammenpressen ... Wir wissen nicht, welche Wildwasser uns den Weg versperren werden, wissen nicht, wie viele Felsbarrieren den Fluß überragen. Viele Hindernisse werden uns bedrohen. Die Männer sind guten Mutes wie immer, aber ihre gute Laune erscheint mir düster und ihre Scherze schauderhaft."

Dramatischer geht es nicht. Powell wußte, wie er seine Leser in den Bann ziehen konnte, aber waren seine Männer wirklich „guten Mutes"? Liest man Bradleys Notizen, entsteht ein anderes Bild: „Die Männer sind unruhig und unzufrieden und wollen so schnell wie möglich weiter. Wenn der Major nichts unternimmt, fürchte ich die Konsequenzen. Aber er scheint zufrieden und glaubt, daß aus saurem und feuchtem Mehl gebackenes Hartbrot und ein paar getrocknete Äpfel genügen, um einen schwer arbeitenden Mann zu ernähren. Er selbst braucht kein Essen oder Zelt über dem Kopf, solange er nur seine geologischen Untersuchungen machen kann."

24 Kilometer weiter fährt Powells Team in die Untiefen des *First Granite Gorge*. Schroffe, 1800 Meter hohe Wände aus hartem Gneis zwängen die Männer auf 40 langen Meilen in klaustrophobische Enge ein. Gneis ist härtestes Gestein, das selbst der Colorado nur unter größten Mühen bezwingen kann. Die Schlucht verengt sich immer mehr, das Wasser wird schneller und wilder, und die Wasserfälle stürzen noch gewaltiger hinab. So eng schnüren die Klüfte teilweise den Fluß ein, daß die Fälle weder umgangen noch die Boote getreidelt werden können. Ein Alptraum! Die Bootsmänner haben keine Ahnung, wo sie eine Durchfahrt durch das Chaos finden sollen. „Was aber erwartet uns hinter der nächsten Biegung? Ein in den Abgrund stürzender Fall bedeutet das sichere Ende für alle", schaudert es Sumner. Sie sind dem Schicksal auf Gedeih und Verderb ausgeliefert, müssen vorwärts, weil es kein Zurück gibt, und der Canyonkerker schließt jede Flucht nach oben aus. „Dieser Canyonteil scheint mir das schlimmste Loch Amerikas zu sein, wenn nicht der ganzen Welt ... Der düstere, schwarze Fels

Zu den Mitgliedern von Major Powells zweiter Expedition durch das Canyonland im Jahr 1871 gehörte auch der Fotograf John K. Hillers. Vom *Toroweap Point* aus fotografierte er mit einer Plattenkamera den Colorado, der in Jahrmillionen einen Canyon innerhalb des 1800 Meter hohen Grand Canyons gefräst hat.

drückt die Stimmung. Wegen der ununterbrochenen Nässe und schweren Arbeit sind wir völlig ausgepumpt und in schlimmer Verfassung. Wir müssen vorwärts, oder wir sterben", schreibt Sumner. Jetzt geht es nur noch ums Überleben, und die Nerven der Männer sind aufs äußerste strapaziert. Am 15. August notiert Powell: „Die Boote sind unkontrollierbar." Zum erstenmal denkt auch der unerschütterliche Major ans Aufgeben. Aber wo sollen sie hin? Der Canyon des Colorado ist ja nur einer innerhalb eines viel größeren, unüberschaubaren Canyon-Labyrinths. Der eigentliche Rand des Schluchtengewirrs ist aus der Tiefe so gut wie nie zu erkennen. „Es kam mir vor wie der Vorhof zur Hölle", heißt es bei Sumner. „Wenn Männer je für ihre Sünden gebüßt haben, dann wir auf den folgenden 200 Meilen. Zu allem Übel regnet es fast unaufhörlich, der Wasserspiegel steigt, und die Strömung wird immer reißender, der Fluß unbändiger, so daß unsere Kräfte bis an die Grenze des Erträglichen strapaziert werden. 24 Stunden ständiger Mühsal und Plackerei machen uns völlig fertig. Wir drohen zu verhungern. Ich fühle mich wie Hiob im Alten Testament: Wie gerne würde ich Gott verfluchen, aber wie er, so tue auch ich es nicht."

Sumner möchte diese gewaltige Schöpfung *Coronado Canyon* nennen, Powell aber verspricht seinem Gefolgsmann, die tiefe Schlucht aus Dankbarkeit für seine treuen Dienste *Sumner Canyon* zu taufen, sollten sie es je schaffen, der Felsenfalle zu entkommen. „Wir haben es geschafft, aber er vergaß sein Versprechen und wählte den Namen Grand Canyon", berichtet Sumner enttäuscht. 1919 erklärte

Präsident Woodrow Wilson dieses Wunder der Natur zum *Grand Canyon Nationalpark*.

Powell weiß, daß eine Expedition nur dann Erfolg haben kann, wenn man stets das Ziel im Auge behält. Der Geologe läßt sich auch in größter Gefahr nicht davon abbringen, der Schöpfungsgeschichte der Erde auf den Grund zu gehen. Nirgendwo auf der Welt kann man sie besser studieren als hier. Dort, wo im Grand Canyon die ältesten Gesteinsschichten zutage treten, kann man an den 1800 Meter hohen Wänden jedes Zeitalter der Erdgeschichte ablesen, aber auch dessen Vergänglichkeit. Kein anderes Loch in der Erde ist so vom Alter gezeichnet wie dieser Schnitt durch die Ewigkeit. Powell fährt an der Basis des Kontinents entlang, an der untersten von zwölf Gesteinslagen, die neben ihm allmählich nacheinander aus dem Wasser steigen. An manchen Stellen haben die überstrapazierten Bootsleute aufgrund der schräg verlaufenden Schichten den Eindruck, als führen sie steil bergab in den „Schlund der Hölle".

Am 16. August schlagen sie am *Bright Angel Creek* ihr Camp auf, das im Grunde nur noch aus einem Lagerfeuer besteht. In der Schattenwelt des Canyons erscheint den ausgemergelten Gestalten das klare, azurblaue Flüßchen wie das Lächeln eines Engels. Ihre Zottelbärte können die hohlen Wangen und tiefen Furchen in den müden Gesichtern nicht verbergen. Verwahrlost sehen sie aus, wie wüste Piraten, salzverkrustet, die Haut verbrannt. Als Schutz gegen die Sonnenglut binden sich die Männer Tuchfetzen um den Kopf. Sie tragen ein paar Lumpen oder Reste ihrer *Longjohns*, die ramponierte Gürtel zusammenhalten, in denen Jagdmesser stecken.

Keine Zeit für eine Verschnaufpause. Wie gestrandete Delphine liegen die Boote kieloben am Strand; das Holz ist ausgelaugt, zerkratzt, gesplittert, undicht, vielfach geflickt. Wieder müssen sie in zeitraubender und mühseliger Arbeit Ersatzruder schnitzen und die feuchten Mehlklumpen sieben. Die Verpflegung, ein paar halb verdorbene Speckseiten und Trockenäpfel, reicht nur noch für zehn Tage. Kaffee haben sie genug, aber der hält nicht am Leben. Die Schwerarbeiter werden auf halbe Ration gesetzt, Hunger wird zur Dauerqual, und noch immer ist ein Ende nicht abzusehen.

Als wollte sich das Schicksal über die Schar leidgeprüfter Männer lustig machen, müssen die Schiffer auf den folgenden 18 Flußkilometern einen Härtetest nach dem anderen bestehen. *Horn Creek, Granite* und *Hermit* sind Wildwasser, die auf der Schwierigkeitsskala ganz oben stehen. *Hermit* ist 300 Meter lang, eine ununterbrochene Berg- und Talfahrt, eine Abfolge riesiger, manchmal fünf Meter hoher, scheinbar stehender Wellen. Die Gischt sprüht meterhoch und hüllt die Flußfahrer in Wolken glitzernder Wasserpartikel. Jeder Colorado-Tourist jauchzt vor Freude, wenn er auf einem riesigen Gummifloß über *Hermit* jagt. Aber Powells Männern ist längst jegliche Euphorie vergangen.

Showdown

Am 18. August kentert die kleine *Emma Dean* zum drittenmal. Von allen Seiten dreschen meterhohe Brecher gegen die Nußschale, Ruder knicken wie Streichhölzer, reißen aus den Dollen, und schon beim ersten Schwall schlägt das Boot voll. Das zusätzliche Gewicht drückt die *Emma Dean* unter Wasser, nur noch die Oberkörper von Powell, Sumner und Dunn tauchen ab und zu aus der schäumenden Flut auf. Wieder entgehen sie nur knapp dem Tod.

In der Nacht folgen Regenfluten. „Schreckliches Geblitze. Der Regen rauscht in wahren Fluten herab, und das Echo der Donnerschläge hallt von jeder Klippe durch den Canyon", notiert Bradley. „Wir sammeln Treibholz und entzünden ein Feuer", schreibt Powell, „aber die Regengüsse löschen es bald aus. Die ganze Nacht hocken wir zitternd auf dem Fels. Am nächsten Morgen sind wir genauso erschöpft wie nach einem harten, schweren Arbeitstag."

Endlich, am Ende der grauen, engen, scheinbar endlosen Granitklüfte, ein paar Tage Erholung auf ruhigerem Wasser und schnelle Fahrt: 35 Kilometer bewältigen sie am 23. August, dann 32, schließlich sogar 51. Die Sonne läßt wieder die Farben der Felstürme leuchten, rote Säulentempel und pittoreske Kathedralen wachsen aus dem Stein. Bis zu einer Höhe von vier Metern über der Wasserfläche glänzen die glattpolierten Canyonwände schwarz wie Ebenholz. Graniteinschmelzungen laufen als lange, wulstige rosa Linien kreuz und quer über die Wände.

Den wohl gefährlichsten Katarakt im Grand Canyon, *Lava Falls*, umgeht die leidgeprüfte Mannschaft lieber und trägt die Boote über steinig ansteigende Uferböschungen und weichen Schwemmsand. Zu Powells Zeiten umspülten die Fluten des Colorado ein paar mächtige Cottonwood-Bäume. Das Gewirr hoher Tamariskensträucher auf den wenigen Sand- und Gesteinsablagerungen zu beiden Seiten des Flusses, wo sich heutige Flußabenteurer mühsam einen Schlafplatz suchen müssen, gab es noch nicht. Umweltschützer haben die Pflanze nach dem Zweiten Weltkrieg aus dem Niltal importiert, um der Erosion der Uferregionen Einhalt zu gebieten. Inzwischen wird der tiefwurzelnde Fremdling, der Hunderte Meilen weit ins Inland vorgedrungen ist, vergeblich als Schädling bekämpft.

Dann folgen wieder Granitfelsen und damit auch unwägbare Schnellen. Der Showdown beginnt. Die Felswände ragen so steil aus dem Wasser, daß die Männer keinen Platz zum Schlafen finden. Es ist schon fast dunkel, als sie endlich in der Steilwand Schlitze und schmale Kanten entdecken. Hastig verzurren sie die Boote und zwängen sich erschöpft in die schmalen Lücken. „Wenn wir nicht ruhig liegen", schreibt Bradley, „werden wir vor Anbruch des Morgens jemanden ins Wasser fallen hören. Ich kann mich in meiner Ritze ausstrecken. Andys Bett ist nur ein winziger

Rechte Seite: Am Ausgang des *Cataract Canyon* erkunden die Forscher ein geheimnisvolles Höhlensystem. Seit der *Glen Canyon Dam* das Wasser des Colorado zum riesigen Lake Powell aufstaut, kann man die Grotten nur noch mit dem Boot erreichen.

Felsvorsprung direkt über dem Wasser, der kaum so breit ist wie er selber. Wo immer möglich, hängt der Rest von uns wie Schwalbennester in der Wand."

„Howland war sehr ernst und still", beobachtet Sumner. „Ich habe mich oft gefragt, ob er seinen Tod vorausgeahnt hat. Ich habe an Kavallerie-Attacken teilgenommen, Batterien gestürmt und stand neben Kanonen bereit, um einen Sturm zurückzuschlagen. Aber noch nie war ich so niedergedrückter Stimmung wie jetzt. Eigentlich war der Sand in meiner Uhr schon abgelaufen, aber da ich Mut zum Überleben brauchte, borgte ich ihn mir bei meinen Kameraden."

Am Abend des 27. August, zehn Tage nach dem Camp am *Bright Angels Creek*, 457 Kilometer seit der Einfahrt in den Grand Canyon, so berichtet Powell, habe ihn Oramel Howland davon unterrichtet, er, sein Bruder Seneca und Bill Dunn würden die Expedition wegen des Mangels an Vorräten, ihres körperlich und nervlich überlasteten Zustands und aus Angst vor der nächsten Stromschnelle verlassen und am nächsten Tag einen anderen Ausweg aus der Grand-Canyon-Falle suchen. Indirekt bezichtigt Powell die „Abtrünnigen" der Feigheit, Illoyalität und Verantwortungslosigkeit. Über sich selbst schreibt er: „Einmal war ich nahe daran, den Fluß zu verlassen, aber ich wollte mich nicht jahrelang umsonst auf diese Expedition vorbereitet haben. Die Forschungsreise unbeendet lassen, zugeben, daß es einen Teil des Canyons gibt, der unerforscht blieb, nachdem ich es fast geschafft hatte, das war mehr, als ich mir zugestehen konnte. Deshalb machte ich weiter."

Der Expeditionsleiter weckt Oramel und beschwört die Aussteiger, doch nicht so kurz vor dem Ende aufzugeben. Er zeichnet eine Karte in den Sand, markiert ihren Standpunkt und den möglichen Verlauf des Colorado bis zu ihrem Ziel, der Einmündung des Rio Virgin, wo in der Nähe Mormonen siedeln. Nur noch 45 Meilen Luftlinie. Aber die drei „Deserteure" lassen sich auch nicht von den Bitten ihrer Freunde zurückhalten, sondern verschwinden mit knapp bemessenen Rationen, zwei Gewehren und einer Flinte im nächsten Canyon, der heute treffenderweise *Separation Canyon* heißt, Trennungs-Schlucht. Diesen tragischen Ort sucht man heute allerdings vergebens, weil er unter dem riesigen Lake Mead begraben ist, den der gigantische *Hoover Dam* unweit der Glitzerstadt Las Vegas aufstaut.

1800 Kilometer sind sie durch unbekanntes Land gefahren, insgesamt 414 Wasserfälle haben die Männer passiert, Boote und Ausrüstung 62mal um die wildesten Katarakte geschleppt – und das sollen Feiglinge sein, die sich kurz vor dem Ziel vor einer Stromschnelle fürchten? Zeugen sagen in der Tat das Gegenteil aus. Sumner: „Ich gestehe Powell zu, daß er ein mutiger und kühner Führer war, aber die Jungs verdienen nicht, als Feiglinge gebrandmarkt zu werden. Das hat er nur getan, um den wahren Grund für ihre Handlung zu kaschieren."

Den Howland-Brüdern und Dunn war die Zusammenarbeit mit Powell wegen seiner dauernden Schikanen so zuwider geworden, daß sie lieber das Wagnis eingingen, im Canyongewirr umzukommen, als auch nur ei-

Die Flußfahrer bestaunen die *Deer Creek Falls*, die aus einer Felswand direkt in den Colorado stürzen.

99 Tage quälte sich die Flußexpedition durch das Niemandsland unendlicher Schluchten, bis sie endlich den Ausgang des Grand Canyon erreichte. Dort staut heute der gigantische *Hoover Dam* den Lake Mead auf, der den Strom für die Spielerstadt Las Vegas liefert.

nen Tag länger die Gegenwart des herrischen Majors und seines unberechenbaren Bruders zu ertragen.

Schweren Herzens lassen die Powell-Brüder, Jack Sumner, George Bradley, Andy Hall und Bill Hawkins die *Emma Dean* zurück und setzen mit der *Kitty Clyde's Sister* und der *Maid of the Canyon* die Fahrt fort. „Wir landeten im Unterwasser", schreibt Powell, „und feuerten ein paar Schüsse ab, um den dreien zu signalisieren, daß wir es sicher geschafft hatten. Wir warteten ein paar Stunden in der Hoffnung, daß sie uns mit dem kleinen Boot folgen. Da wir uns hinter einer Kurve im Canyon befanden, waren wir von dem Punkt aus, wo wir sie verlassen hatten, nicht zu sehen. Als wir keine Hoffnung mehr hatten, setzten wir die Flußfahrt fort." Bradley, Hawkins und Sumner widersprechen übereinstimmend dieser Version Powells. Letzterer notiert: „Wir warteten etwa zwei Stunden, schossen in die Luft und winkten den Männern, nachzukommen, was leicht möglich gewesen wäre, da man die Schnelle einfach am Rand umgehen konnte. Zuletzt sahen wir die drei oben auf dem Felsen stehen und uns Zeichen geben weiterzufahren, was wir auch taten."

Schon 48 Stunden später, am 29. August, erreicht Powell die Mündung des Rio Virgin und geht damit in die Geschichte ein. Seit dem Start am 24. Mai 1869 sind 99 Tage vergangen. „Wir bedauern nur, daß die drei Jungs nicht dabei sind, um den Triumph mit uns zu teilen", schreibt Bradley. In Powells Aufzeichnungen finden sich nur ein paar gleichgültige Worte über das Schicksal der Kameraden, denen er so viel zu verdanken hat: „Die drei Männer, die uns im Canyon verlassen haben, ... trafen auf Indianer ... und wurden von ihnen getötet." Shiwits sollen die weißen Männer nach Aussage eines Mormonenpfadfinders mit Pfeilen erschossen haben, weil man sie fälschlicherweise für betrunkene Mineure hielt, die eine Indianer-Squaw massakriert hatten.

Hatte Powell womöglich ein schlechtes Gewissen, versuchte er seine Schuld durch Verdrehung der Tatsachen zu vertuschen? Bezeichnenderweise nahm er 1871 auf seiner zweiten Reise durch die Canyons des Colorado keinen der erfahrenen Flußfahrer mit, hätten sie doch unangenehme Wahrheiten ausplaudern können. Der Erfolg seines halbfiktionalen Reiseberichts, die Kartierung unbekannter Gebiete Amerikas sowie seine geologischen Forschungen und bahnbrechenden Arbeiten über Indianer sicherten Powell eine steile Karriere. Der Professor wurde Direktor des neu gegründeten ethnologischen Instituts der *Smithonian Institution* und schließlich Direktor des *U.S. Geological Survey*, das damals mit der Kartographierung und geologischen Erforschung der Vereinigten Staaten betraut war.

Sumner, der schon im Vorjahr als Führer einer Expedition für Powell gearbeitet hatte, sagte später verbittert: „Nach zwei Jahren harter Arbeit bei der Erkundung des Colorados und seiner Nebenflüsse besitze ich keinen Penny und bin von der ganzen Sache angewidert." Sumner und Andy Hall sind die eigentlichen Rekordhalter der Powell-Expedition, denn sie allein ruderten noch ein paar hundert Meilen weiter nach Süden bis zum Golf von Baja California, wo der Colorado schließlich in den Pazifik fließt. Aber das weiß kaum jemand. Sumner: „Powell unterschlägt die Leistungen seiner Männer. Alles war immer nur ‚Ich'."

Entdecken heißt Suche nach neuem Wissen, ein Hunger, der unstillbar ist. Aber damals wie heute geht es auch darum, der erste zu sein und das werbewirksam kundzutun. Darin war John Wesley Powell ein Meister. Ein Rekord wie der von Sumner und Hall hat für die Nachwelt nicht stattgefunden, weil sie nie davon erfuhr.

Die Männer der Powell-Expedition zerstreuten sich irgendwo im weiten Land des Westens. Nur Andy Hall machte noch einmal traurige Schlagzeilen. 1882 wurde der ehemalige Trapper beim letzten Postkutschenüberfall im Wilden Westen auf der Fahrt zwischen Tucson und Phoenix erschossen.

Notlandung im Niemandsland

„Als wir nackt und barfuß durch den Busch kriechen mußten, war nichts mehr von Zivilisation übriggeblieben, wir wurden zurückgeworfen in die Primitivität des Buschmenschen, mit dem Unterschied, daß wir inzwischen verlernt hatten, im Busch zu überleben."

Hans Bertram

Flughafen Köln, Februar 1932. Das Wasserflugzeug *Atlantis,* eine Junkers, startet zu einem Flug um die Welt. Am Steuer: Hans Bertram, 26 Jahre alt, neben ihm sein Bordmechaniker Alfred Klausmann. Die Reiseroute soll über Persien nach Indien führen, dann weiter nach Südostasien. Auf ein Bordfunkgerät wird aus Gewichtsgründen verzichtet. Außerhalb Europas gibt es ohnehin kaum Bodenstationen, mit denen die Piloten Funkkontakt aufnehmen könnten. Was sie damals nicht wissen können: Diese Entscheidung sollte sie um ein Haar das Leben kosten.

Zunächst jedoch läuft alles nach Plan. Bertram ist trotz seiner Jugend ein erfahrener Flieger. Er hat bereits einige Jahre in China verbracht und die Generäle Chiang Kai-sheks beim Aufbau der Marineluftfahrt beraten. Hans ist ein Draufgänger, den so schnell nichts erschüttern kann.

Als die *Atlantis* über Java fliegt und schließlich in Surabaya landet, haben die beiden Deutschen den größten Teil der Strecke hinter sich. Magisch klingende Namen von Städten in Persien, Indien und Thailand schwirren noch in ihren Köpfen umher, während sie die Hängematten in der Maschine aufspannen.

Hans Bertram und Alfred Klausmann im Cockpit ihrer Maschine. Noch ahnen die strahlenden Abenteurer nicht, daß sie der Flug nach Australien fast das Leben kosten wird.

Leise schlagen die Wellen an das Metall der Schwimmer, sanft schaukelt die *Atlantis* im Indischen Ozean, und von irgendwoher klingen Töne einer zarten, fremdländischen Musik. Bertram ist mit sich und der Welt im Einklang. Aus gutem Grund, bisher ist alles gutgegangen. Sogar mehr als das, denn Bertram ist sehr erfolgreich gewesen, auch wenn davon niemand etwas weiß. Er war nämlich ganz nebenbei in geheimer Mission unterwegs. Der Flug der *Atlantis* diente nicht nur dazu, der Welt die Leistung deutscher Flugzeugbauer zu demonstrieren. Bertram hatte außerdem einen Spezialauftrag von Chiang Kai-shek zu erfüllen. Auf seiner Reise durch Indien und Asien sollte er bei den reichen Auslandschinesen in den großen Hafenstädten Geld einsammeln für den Aufbau der chinesischen Luftwaffe. An Bord der *Atlantis* liegt ein Buch voller Tabellen mit chinesischen Schriftzeichen: eine Spendenliste, die sich über viele Seiten erstreckt. Bertram ist es gelungen, das Geld für 97 Flugzeuge einzutreiben. Als er später barfuß den Strand entlangschlendert, fühlt er sich wie ein Glückspilz, dem alles gelingt.

Am Nachmittag des nächsten Tages bekommen die beiden Flieger unverhofften Besuch. Der chinesische Konsul will sich bei Bertram im Namen seiner Regierung persönlich bedanken. Doch dann äußert er noch eine Bitte: Bertram könne doch jetzt, wo die Nordspitze Australiens so nahe liege, noch einen kleinen Abstecher machen. Auch dort gäbe es eine Menge reicher Chinesen, die man noch ansprechen könnte.

Der Besucher muß Bertram nicht lange überreden. Ein neues Abenteuer kommt dem jungen Piloten gerade recht. Mit dem neuen Ziel vor Augen schaukeln die beiden Flieger am Abend zufrieden in ihren Hängematten. Als die Sonne untergeht, schillert die *Atlantis* kurze Zeit in rotem Licht, dann glänzt der silberne Rumpf kalt vor dem tiefblauen Himmel. In den Tropen verabschiedet sich der Tag schnell, die Dämmerung dauert nur wenige Minuten. Doch was soll's – an den lauen Nächten und dem traumhaften Sternenhimmel kann man sich immer wieder berauschen.

Und plötzlich ist sie da, die kühne Idee: ein Nachtflug! Unter diesem strahlenden Sternenzelt im offenen Cockpit über die Südsee zu fliegen muß doch phantastisch sein. Der Mond spiegelt sich in den Wellen, der warme Wind streicht über das Gesicht, und vor dir liegt Australien, ein noch nie gesehener Kontinent. Zum Frühstück in Darwin landen, einfach so, als wäre es völlig normal, nachts die gefürchtete Timorsee zu überqueren.

Bertram ist von seiner Idee begeistert und kann Klausmann sofort für das Unternehmen gewinnen. Sie rollen die Hängematten ein und machen sich an die Arbeit. In der Nacht zum 15. Mai startet die *Atlantis* zum Flug nach Australien. Die Maschine wird am nächsten Morgen in Port Darwin erwartet – doch dort kommt sie nie an.

Küste der kaum besiedelten Kimberleys im Nordwesten Australiens

Der Vogel, der vom Himmel fiel

Auf einem Felsen an der Nordküste Australiens, einem der einsamsten und entlegensten Gebiete des Kontinents, brennt ein kleines Lagerfeuer. Im Schatten der Dämmerung zeichnen sich schwarze, archaisch erscheinende Gestalten ab. Sie sind nackt, einige kauern um das Feuer, andere liegen auf dem kahlen Boden.

Die Aboriginals sind müde. Immer größere Umwege müssen sie auf ihren Wanderungen durch das unwegsame *Outback* machen, um gefährlichen Eindringlingen auszuweichen. Es sind die weißen Männer, die mit ihrem Donnerstock alles töten, was ihnen in die Quere kommt – vor allem die Schwarzen. Nur bei den Missionaren fühlen sich die Ureinwohner Australiens sicher, auch wenn ihnen dort vieles nicht gefällt. Denn wer will schon seinen Körper mit diesen schrecklichen Kleidern verhüllen und in Baracken wohnen, wo man den Himmel nicht sehen kann?

Ein junger Schwarzer liegt an diesem Abend etwas abseits der Gruppe, er hat die Augen weit geöffnet. Doch sie sehen nicht nach außen, sondern nach innen. Die junge Frau neben ihm bewegt ihre Hand dicht über seinen Pupillen, sie reagieren nicht. Nun weiß die Frau, daß ihr Mann einen „Traum" hat. Keinen Traum, wie ihn weiße Männer träumen, sondern ein *dreaming*, eine hellsichtige Ahnung. Der junge Aboriginal weiß nicht, was sein Traum zu bedeuten hat, denn in ihm sieht er etwas, das er noch nie zuvor gesehen hat: einen großen eisernen Vogel, der vom Himmel fällt …

Nach der Notlandung sind Bertram und Klausmann noch guter Dinge. Wieder einmal haben sie es geschafft. Was sie nicht wissen: Sie sind im abgelegensten Gebiet des Kontinents gelandet – ohne Funkgerät fast ein Todesurteil.

Doch noch fliegt der Vogel – die *Atlantis* ist längst hoch über der Timorsee. Die gute Laune ist Bertram allerdings vergangen. Kurz nach dem Start gab es einen Wetterumschwung, Wolken zogen auf, jetzt ist die Sicht gleich null. Bertram zieht die Maschine höher, er will über das Wolkenfeld hinaus, doch dieses scheint undurchdringlich. Bis auf 3400 Meter zwingt er das Flugzeug hoch, doch noch immer sind keine Sterne zu sehen. Nur kalt wird es in dieser Höhe. Der Wind pfeift ins offene Cockpit, die Temperatur sinkt immer weiter. Längst zittern Bertram und Klausmann am ganzen Körper. Blindflug in einem undurchdringlichen Wolkenmeer und dazu diese eisige Kälte – so hatten sie sich das nicht vorgestellt.

Als der Morgen graut, verläßt der junge Aboriginal lautlos das Camp. Er wandert nach Norden, auf den Ozean zu. Er will den Ort finden, wo der eiserne Vogel aus seinem „Traum" ins Wasser fällt. Und er kommt gerade rechtzeitig. Als er die felsige, menschenfeindliche Küste erreicht, hat die *Atlantis* bereits an Höhe verloren. Seit die ersten Sonnenstrahlen über dem Meer auftauchen, weiß Bertram, daß er nicht mehr lange in der Luft bleiben kann. Die Anzeige der Benzinuhr nähert sich gefährlich dem Nullpunkt. Als nun ein grauer Landstreifen am Horizont auftaucht, ist klar, daß sie dort landen müssen. Bertram drückt die Maschine tiefer, fieberhaft sucht er nach einer halbwegs geschützten Bucht. Es gibt keine.

Kurz darauf setzen die Schwimmer der *Atlantis* dicht vor der rauhen Küste auf dem Wasser auf. Der Aboriginal duckt sich. Er will nicht entdeckt werden, bevor er nicht weiß, was hier vor sich geht. Sollte dieser Wundervogel etwas mit den mordgierigen Weißen zu tun haben, will er abwarten, ob sie mit ihren Donnerstöcken vom Himmel gekommen sind.

Bertram und Klausmann waten an Land und verankern die *Atlantis*, so gut es geht. Inzwischen sind sie schon wieder guter Dinge. Wieder einmal haben sie es geschafft. Irgendwo werden hier schon Menschen sein. Wo sind sie überhaupt? Wahrscheinlich auf irgendeiner Insel nördlich von Darwin. Und wenn schon, schließlich kann sich jeder mal verfliegen, vor allem nachts, ohne Sicht.

Nachdem sie die Felsen hochgeklettert sind, stehen sie vor einer endlosen Weite: den australischen Kimberleys. Überall trockenes Gestrüpp und Sand – keine Spur einer menschlichen Siedlung.

Gebannt beobachten die Flieger ein Känguruh, das erste, das sie jemals gesehen haben. Doch bevor sie die Kamera holen können, ist es verschwunden. Klausmann will ihm hinterherrennen, stolpert aber über die heimtückisch spitzen Steine und fällt hin. Als er sich fluchend wieder aufrappelt, merken die Flieger zum erstenmal, wie heiß es hier ist. Und daß sie rasenden Durst haben. Bertram fühlt, wie sich plötzlich eine eisige Hand um seinen Hals legt: Sie haben kein Wasser an Bord. Auch keinen Proviant. Schließlich wollten sie zum Frühstück in Darwin sein. Und jetzt? Irgendwo mußte es doch Wasser geben. Klausmann nimmt einen Kanister und geht los – einen Bach suchen, ein Wasserloch, eine unterirdische Quelle.

In seinen Erinnerungen schildert Bertram die Situation so: „... wir ... glauben, nur wenige Minuten suchen zu müssen, um frisches Wasser zu finden – es hat zwanzig Tage gedauert, bis wir es fanden."

Eine Stunde später kommt Klausmann zurück, mit zerfetztem Hemd, völlig verdreckt und schweißverklebt. Es gibt kein Wasser, nirgends. Außerdem kann man sich kaum fortbewegen, am Ufer nur Morast und Mangroven, im Busch tückische Dornen und überall diese teuflisch spitzen Steine. Langsam dämmert es den beiden: Die Lage ist ernster, als sie gedacht hatten.

Sie stehen am Ufer und blicken hinaus aufs Meer. Keiner sagt ein Wort. Als sich Bertram umdreht, um zum Flugzeug zurückzugehen, hält er plötzlich wie erstarrt inne. Hinter den Felsen taucht ein nackter schwarzer Mann auf. Die beiden werfen sich einen vielsagenden Blick zu. Das mußte einer dieser legendären Ureinwohner sein, ein echter Aboriginal. Begeistert laufen sie auf den Schwarzen zu und überschütten ihn mit Fragen: Wo ist dein Dorf? Wo sind die anderen? Wo gibt es hier Wasser?

Der Mann reagiert nicht. Er versteht wohl kein Englisch. Nun versuchen sie es mit Gesten. Doch auch das führt zu keiner Reaktion. Langsam werden die beiden ungeduldig, zumal der Kerl gewaltig stinkt und einen schrecklichen Schwarm Fliegen mitgebracht hat, die inzwischen auch um die Köpfe der Piloten schwirren. Bertram will den störrischen Besucher wenigstens noch fotografieren. Er läuft zum Flugzeug und kramt seine Leica hervor. Doch als er sich umdreht, ist der Aboriginal verschwunden – genauso lautlos, wie er gekommen war, als hätte er sich in Luft aufge-

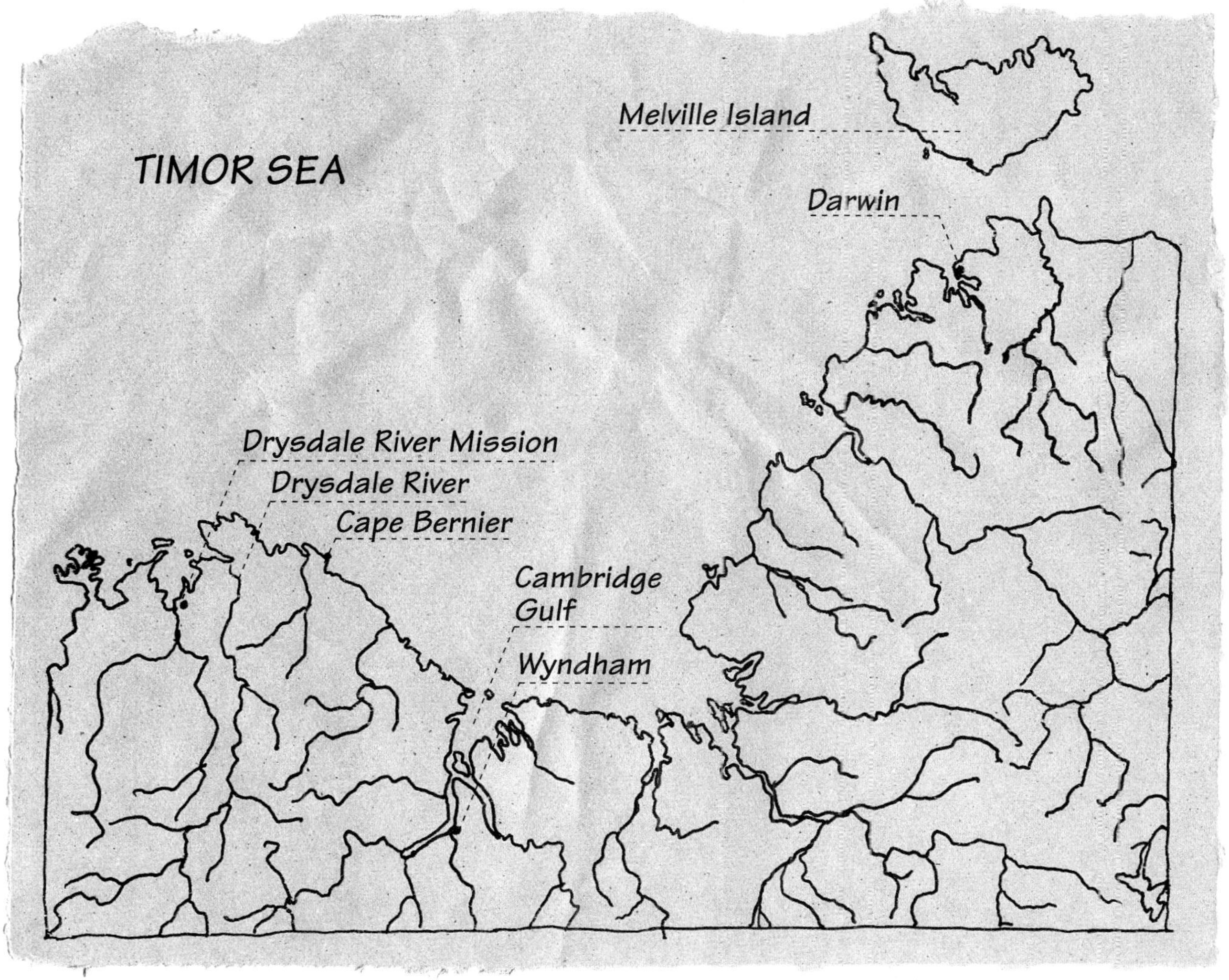

Das Gebiet im Nordwesten Australiens, wo die Flieger notlandeten. Bertram glaubte viele Tage, daß sie sich auf Melville Island befänden. Nach wochenlangem Herumirren verharrten die beiden am Cape Bernier.

löst. Bertram ist wütend, aber Klausmann überzeugt den Kameraden davon, daß sie mit dem Kerl sowieso nicht viel hätten anfangen können.

In dieser Situation machen die beiden jungen Flieger ihren schwersten Fehler. Rückblickend erscheint es wie ein Wunder: Bereits am ersten Tag ihrer Notlandung, im unzugänglichsten und kaum besiedelten Küstengebiet des australischen Kontinents, begegnet ihnen ein menschliches Wesen. Ein ungeheurer Zufall. Doch im Übermut ihrer Selbstsicherheit wollen sie den Wink des Schicksals nicht erkennen. Es sollte weitere vierzig schreckliche Tage dauern, bis sie wieder einen Menschen treffen würden.

Die dramatischen Ereignisse, die sich in den nächsten sechs Wochen an der einsamsten Küste Australiens abspielen, erscheinen wie eine Kette, deren einzelne Glieder unabhängig voneinander sind, die aber dennoch alle zusammen den Faden des Schicksals knüpfen, der die beiden Vermißten im letzten Augenblick rettet. Später spricht Bertram deshalb von einer göttlichen Fügung, die alles geleitet habe.

Wer sich klarmacht, wie kompliziert die Handlungsstränge des weiteren Geschehens miteinander verwoben sind und doch am Ende alle zu demselben Ziel führen, kann Bertrams Überzeugung verstehen. Bei der sensationellen Rettung der beiden Piloten haben sich so viele Dinge „zufällig“ ergeben, daß dieses Wort buchstäblich seinen Sinn verliert. Um diese dramatische Entwicklung nachvollziehen zu können, folgt nun ein Protokoll der parallel ablaufenden Geschehnisse.

Verschollen im Outback

Nach der Begegnung mit den Piloten kehrt der Aboriginal in sein Camp zurück. Er berichtet Bungeye, dem Oberhaupt der Sippe, von dem gestrandeten Metallvogel und den beiden Männern. Bungeye, der wohl früher schlechte Erfahrungen mit Weißen gemacht hatte, kommt diese Nachricht gerade recht. Er bricht sofort mit seinen Kriegern auf. Womöglich wartete dort an der Küste für sie eine leichte Beute.

Doch die Beute wartet keineswegs. Bertram und Klausmann werden inzwischen so sehr von Durst gequält, daß sie es kaum mehr ertragen. Sie sitzen am Strand und blicken hinaus auf die Wellen. Überall Wasser, und doch wird man fast wahnsinnig vor Durst.

Plötzlich kommt Klausmann eine Idee. Er springt auf und zeigt auf das Flugzeug. Da ist doch Wasser. Bertram versteht nicht gleich, worauf sein

Auf ihrem Nachtflug über die Timorsee hatten die Flieger weder Wasser noch Proviant an Bord. Sie wollten zum Frühstück in Darwin sein. Nur das Kühlwasser im Motor ihrer Maschine rettet sie nach der Notlandung vor dem Verdursten.

Mechaniker gegen das Motorgehäuse klopft: das Kühlwasser! Angeekelt verzieht Bertram das Gesicht. Doch schon hat Klausmann einen Schlauch geholt und zapft das Kühlsystem an. Das Geräusch des Wassers, das in die Blechtassen rinnt, erscheint den Verdurstenden wie ein erlösender Klang. Sekunden später lassen sie gierig die warme, ölige Flüssigkeit ihre Kehlen hinunterrinnen. Doch beide wissen, dieses Wasser bedeutet nur eine vorläufige Lösung. Und es wird immer heißer.

Die Suche nach Wasser ist jetzt das allerwichtigste. Sollte es in der Nähe keines geben, müssen sie eben so lange die Küste entlangwandern, bis sie welches finden. Jeder verstaut das Notwendigste in einer Tasche, dann brechen sie auf. Sie nehmen nur wenig mit – ein paar Dokumente, eine Pistole, einen mit Kühlwasser gefüllten Leinensack, dazu Karten, Zigaretten und Streichhölzer.

Den Mangrovensumpf umgehen sie, aber im Busch lauern überall messerscharfe Steine. Schon nach wenigen Stunden zerreißt der Wassersack. Mit einem Schrei werfen sich die beiden zu Boden und lecken die letzten Tropfen auf, bevor die kostbare Flüssigkeit versickert.

Mühsam quälen sie sich weiter, von normalem Gehen kann keine Rede sein. „Dieses Land ist furchtbar. Ich habe auf meinen Reisen nichts Ähnliches gesehen... Jeder Meter ist zu erkämpfen, drei Schritte vor, zwei Schritte zurück. Dazu die sengende Glut der Tropensonne."

Zwei Tage nach der Notlandung erscheinen in Perth die ersten Schlagzeilen: „Deutsche Flieger überfällig". Zur gleichen Zeit verläßt ein Kreuzer den Hafen von Surabaya, um die Timorsee abzusuchen. Doch jeder weiß: Wenn das deutsche Flugzeug dort abgestürzt ist, wird wohl keiner der Piloten mehr am Leben sein.

Zur gleichen Zeit quälen sich die Vermißten im *Outback* weiter durch das unwegsame Gelände. „Zwei Tage sind wir nun schon ohne Wasser. Der Körper ist ausgetrocknet von Sonne und Seeluft, die Zunge geschwollen, weißer Schaum auf den Lippen. Man geht am Strand einer unendlichen See, unabsehbare Wassermengen vor Augen – aber man kann Salzwasser nicht trinken."

Schweißüberströmt erklettern sie schließlich einen Felsvorsprung, doch was sie dahinter sehen, raubt ihnen jeden Mut. Vor ihnen erstreckt sich eine enge, aber tief ins Land führende Meeresbucht. Sie zu umgehen würde Tage dauern. Was tun? Schwimmen! Das ist die einzige Möglichkeit. Sie ziehen Kleider und Schuhe aus und verstauen alles in ihren Taschen. Diese binden sie sich auf die Schulter, um den Inhalt so trocken wie möglich ans andere Ufer zu bringen. Dann lassen sie sich ins Wasser gleiten. Mit vorsichtigen Schwimmzügen beginnen sie die Bucht zu durchqueren.

Doch plötzlich ist da ein Geräusch am Ufer, ein leises Platschen. Bertram hält inne und dreht sich um. Sein Körper erstarrt vor Entsetzen: Krokodile! Bereits das zweite dieser grauen Monster läßt sich gerade ins Wasser gleiten. „Da ist es, als ob mich eine eiskalte Hand im Genick

packt. Eine Gefahr ist hinter uns. Ich sehe zurück... Einen Augenblick bin ich wie gelähmt. Dann beginnt ein Kampf ums Leben... Es ist unmöglich, die Angst dieser Sekunden zu beschreiben."

In Panik lassen die beiden ihr Gepäck versinken und schwimmen um ihr Leben. Ihre ausgelaugten Körper sind wie elektrisiert, mobilisieren die letzten Energien. Und sie schaffen es – um Haaresbreite. Ohne sich umzudrehen, stolpern sie am anderen Ufer einen Hügel hinauf, erst dann wagen sie einen Blick zurück. Doch da ist nichts mehr. Die Krokodile sind längst wieder untergetaucht, lauern unsichtbar auf die nächste Beute.

Bertram und Klausmann zittern noch immer vor Schreck. Die Tropensonne brennt unbarmherzig vom Himmel, kein Hemd schützt mehr ihre Haut. Die ganze Ausrüstung, auch die Schuhe, sogar die kostbaren Streichhölzer, ging im trüben Wasser verloren. Nur die Pistole, die Bertram unter seine Fliegermütze gesteckt hatte, ist noch da.

Resigniert zuckt er die Achseln. Er will einen Schritt machen, springt jedoch mit einem lauten Schmerzensschrei wieder zurück. Es ist eine Tortur, mit bloßen Füßen über die glühend heißen spitzen Steine oder die Dornen und Disteln des überall wuchernden Gestrüpps zu gehen. Das werden sie nicht lange aushalten.

Doch sie haben keine andere Wahl, sie müssen weiter. Aber

wohin? Schnell wird beiden klar, daß es nur eine Möglichkeit gibt: zurück zum Flugzeug. Dort ist zumindest das Kühlwasser ihrer Maschine. Da sie nicht noch einmal durch die Bucht schwimmen können, bleibt nichts anderes übrig, als das Hindernis zu umgehen. Was ihnen vor einer Stunde noch unmöglich erschien, muß jetzt getan werden. Es ist die einzige Chance, die sie haben.

Sieben Tage ohne Wasser

Drysdale River Mission ist die einsamste Missionsstation Australiens. Sie liegt an der Nordküste der Kimberleys, an einem langen, flachen Meeresarm.

Pater Cubero weiß, daß sein altes Boot dringend überholt werden müßte. Immer wieder hat er die Inspektion verschoben. Doch nun muß es sein, und so macht er sich mit seinem Kutter auf den Weg nach Wyndham, einem gottverlassenen kleinen Hafen im Osten, den er in zwei Tagen erreichen wird.

Zu der Zeit, als der Pater sein altes Boot aufs offene Meer steuert, sitzt Bertram auf einem Felsen an der Krokodilsbucht. Zitternd zielt er mit seiner Pistole auf ein Känguruh. Wilde Gedanken lassen seinen Puls noch schneller schlagen: Blut, warmes Blut, das man trinken kann! Deshalb muß Bertram jetzt treffen. Doch vor Aufregung zittert seine Hand immer mehr. Schließlich hält er die Pistole dicht vor das rechte Auge, um das Ziel zu fixieren. Dann drückt er ab. Das Känguruh springt seelenruhig davon, doch der Rückstoß der Waffe hat dem Schützen unter dem Auge eine blutende Wunde geschlagen.

Aus und vorbei. Nichts zu trinken. Um sie herum nur diese gottverdammten Felsen und das verfluchte Gestrüpp. Ihre Füße sind längst blutig und geschwollen. Warum also nicht einfach hier sitzen bleiben? Langsam setzt Bertram die Mündung der Waffe an seine Schläfe ...

Aber dann, nach einem quälend langen Augenblick, ist die Versuchung vorbei. Entsetzt über sich selbst, wirft Bertram die Waffe in die Bucht. Klausmann stürzt sich wütend auf ihn, er will den Kameraden anbrüllen, aber seine vor Durst geschwollenen Lippen lassen diese Anstrengung nicht zu. Doch Bertram weiß, daß er richtig gehandelt hat. „Vielleicht habe ich mir später oft Vorwürfe gemacht, unsere einzige Waffe weggeworfen zu haben. Heute weiß ich, daß wir die 53 Tage nicht hätten durchstehen können mit der Versuchung eines schnellen Todes in der Hand."

Kurz darauf liegen sich die beiden verzweifelt in den Armen. Dann helfen sie sich gegenseitig wieder auf die zerschundenen Beine. Sie müssen weiter, denn irgendwo dort, am Ende dieser Quälerei, ist – Wasser. Doch noch ist es weit weg. Unendlich weit. Was-ser – mit jedem Schritt hämmern diese zwei Silben in ihrem Kopf. Solange es dieses Wort gibt, kön-

Linke Seite: Die endlose Weite der australischen Kimberleys, in der die beiden Piloten fern von jeder Zivilisation ums Überleben kämpfen.

nen sie nicht stehenbleiben, nicht aufgeben, können nichts anderes tun als gehen.

Nach zwei Tagen Fahrt entlang der Küste läuft Pater Cubero in die Bucht von Wyndham ein und zurrt seinen Kutter am morschen Pier fest. Der Mechaniker, der kurz darauf einen Blick auf den Motor wirft, kann Cubero beruhigen: Einmal kriegt er den alten Kahn noch hin, ein paar Tage wird es allerdings schon dauern. Dabei drückt er dem Pater eine Zeitung in die Hand. Die Titelseite meldet das Verschwinden eines deutschen Flugzeugs. Der Mechaniker grinst, wenigstens mal 'ne richtige Nachricht. Hier passiert ja sonst nie etwas. Cubero überfliegt den Artikel. Was könnte den beiden wohl zugestoßen sein? Sind sie abgestürzt oder irgendwo notgelandet?

Was immer geschehen ist, die Piloten sind bestimmt längst tot. Da sind sich alle Leute in dieser Gegend einig. Cubero ist noch nicht überzeugt. Auf dem Meer wären die Piloten sicher ein Opfer der Haie geworden, aber an Land? Der Mechaniker schüttelt den Kopf und zeigt hinaus auf die endlose Weite der Kimberleys. Da draußen ohne Wasser und Proviant? *No fucking chance.*

Unter den Mangroven einer Meeresbucht zerren zwei riesige Krokodile mit ihren Zähnen an einem Lederbeutel. Es ist die Reisetasche, die Bertram vor Schreck im Wasser versinken ließ. Knarzend zerreißt das Leder, und ein silbernes Zigarettenetui fällt in den Sand. Dann tauchen die beiden Krokodile mit den Resten der zerfetzten Tasche im Maul lautlos unter.

Zum Schutz gegen Schwärme von Fliegen und Moskitos graben sich Klausmann und Bertram nachts in den Sand ein. Doch auch das ist noch qualvoll genug, denn ein Arm bleibt immer ungeschützt.

Nur ein paar Kilometer weiter westlich taumeln die vermißten Piloten wie im Fieberwahn durch den Busch. Sie haben nur noch ein Ziel vor Augen: den Motorblock des Flugzeugs mit seinem kostbaren Schatz, dem Kühlwasser.

Abends graben sie sich zum Schutz gegen die Kälte in den Sand ein. Doch ein Arm bleibt immer draußen, und das bedeutet Höllenqualen, denn sofort stürzen sich Scharen von Moskitos auf das nackte Fleisch. Die vor kurzem noch als so romantisch empfundenen Tropennächte sind für die Flieger längst zum Alptraum geworden. „Ein paar Stunden halten wir das aus – es sind unendlich lange Stunden! Die Minuten schleichen. An Schlaf ist nicht zu denken ... Ich habe in dieser Nacht meines jungen Lebens lernen müssen, was der Mensch zu ertragen vermag. Ich habe aber auch erkannt, daß alles einmal ein Ende hat, auch die schlimmste Not.“

Doch ein Ende der Tortur ist nicht in Sicht. Es wird sieben Tage dauern, bis sie ihre Landebucht wieder erreichen. Bei Temperaturen über 40 Grad und ständiger körperlicher Höchstleistung haben sie in dieser ganzen Zeit keinen einzigen Tropfen zu trinken. „Als wir Durst hatten, sieben Tage hindurch entsetzlichen Durst, hatten wir keinen Hunger. Man kann nicht essen, wenn man am letzten dieser sieben Tage die geschwollene Zunge mit den Fingern aus dem Mund ziehen muß, damit sie sich nicht vor die Kehle legt und man glaubt ersticken zu müssen ... Etwas Schlimmeres kann es nach meinem Wissen nicht geben. Durst ist unbeschreiblich!“

Endlich tauchen hinter den Büschen die Felsen der vertrauten Bucht auf. Und da steht auch ihr Flugzeug. Ein stummer Schrei bricht aus ihren ausgetrockneten Kehlen, dann rennen sie los. Gierig lassen sie das Kühlwasser zwischen die vertrockneten Lippen laufen, bis sie nicht mehr schlucken können.

Eine erste Spur

Nachdem von den Fliegern seit über sieben Tagen weder eine Spur noch ein Lebenszeichen entdeckt wurde, telegraphiert der deutsche Konsul in Sydney nach Deutschland, daß Bertram und Klausmann nun endgültig als verschollen gelten. Zur gleichen Zeit gibt der Außenminister in Canberra aus diesem Anlaß eine Pressekonferenz. Die Behörden können leider nichts unternehmen, da es in der abgelegenen Gegend, in der man die Vermißten vermutet, keine Flugzeuge gibt.

An diesem Tag sitzen die beiden Flieger vor ihren Landkarten Sie können nicht verstehen, warum niemand sie sucht. Melville Island liegt doch nur etwas nördlich von Darwin, für ein Flugzeug ein Katzensprung. Noch weiß Bertram nicht, daß er bei seinem Nachtflug durch starken Ostwind weit vom Kurs abgetrieben wurde und sie sich bereits auf dem australischen Festland befinden. Nach seinen Berechnungen müßten sie nur etwa

60 Kilometer von Port Cockburn, dem Hafen von Melville Island, entfernt sein. 60 Kilometer – das könnten sie schaffen.

Trotz strenger Rationierung (zweimal eine halbe Tasse am Tag) geht das Kühlwasser langsam zur Neige. „Wir sind uns jetzt völlig klar darüber, daß wir uns selbst helfen müssen, hier herauszukommen. Wir müssen um unser Leben kämpfen – und diese Erkenntnis, daß alles nur von uns selbst abhängt, ist vielleicht gut, macht uns stark... Nur ein *Ziel* müssen wir haben, wenn wir das Letzte aus unserem Körper herausholen wollen..."

Doch die entscheidende Frage lautet: Wie gelangen sie nach Port Cockburn? Mit ihren geschwollenen Füßen kommen sie nicht mehr weit. Wie sonst sollen sie aber diese 60 Kilometer zurücklegen? Ratlos lassen sich die beiden in die Hängematten zurückfallen. Vielleicht ist in dieser Bucht doch schon alles zu Ende.

Auf dem staubigen Airstrip von Wyndham macht ein Mechaniker den alten Doppeldecker startklar. Es ist das Postflugzeug, das einmal pro Woche die abgelegenen Orte und Farmen in den Kimberleys anfliegt. Doch heute ist keine Post an Bord. Pilot Nicholas hat den Auftrag bekommen, nach den vermißten Fliegern zu suchen.

Gleich nach dem Start nimmt die kleine Maschine Kurs nach Nordosten. Sie fliegt über die menschenleere Küste von Wyndham bis Darwin und dann weiter nördlich bis Melville Island – dorthin, wo auch Bertram seine Position vermutet. Der Pilot weiß nicht, daß er in der falschen Gegend sucht. Niemand kommt auf den Gedanken, daß die *Atlantis* nach Westen abgedriftet sein könnte.

Während das Flugzeug in 300 Kilometer Entfernung nach ihm sucht, kommt Bertram eine Idee. Wenn sie nicht gehen können, dann fahren sie eben – mit dem Boot. Klausmann kann ihm nicht folgen. Mit welchem

Das gestrandete Flugzeug, bei dem inzwischen ein Schwimmer abgeschraubt und zu einem Boot umfunktioniert wurde. Alle Arbeiten mußten mit dem Bordwerkzeug durchgeführt werden.

Boot? Triumphierend zeigt Bertram auf einen der Schwimmer des Flugzeugs: Hier haben wir doch ein Boot. Wir müssen es nur abmontieren.

Leichter gesagt als getan, denn vorher muß das Flugzeug abgestützt und fest an Land verankert werden. So schwach ihre Körper inzwischen auch sind, sie schaffen es tatsächlich. Was sie nicht ahnen: Unsichtbare Augen beobachten jede ihrer Bewegungen. Bungeye und seine Leute haben sich hinter den Felsen versteckt und lauern auf eine Gelegenheit. Noch zögern sie. Die Aboriginals wissen nicht recht, was sie tun sollen. Der große Metallvogel jagt ihnen Angst ein, vor allem aber diese eigenartigen weißen Männer – wenn es denn überhaupt Männer sind. Ganz sicher sind sich die Verfolger nicht mehr, denn Bertram und Klausmann bieten inzwischen in der Tat einen merkwürdigen Anblick. Um sich vor den mörderischen Fliegen zu schützen, haben sie ihre Gesichter mit einem Schal vermummt, darüber tragen sie Fliegerbrillen und Ledermützen. Sie sehen wirklich wie Gespenster aus. Vor solchen Teufeln, den berüchtigten *Jimy-devils,* haben die Schwarzen Respekt. Deshalb beschließen sie, vorläufig noch abzuwarten. Ironie des Schicksals: Vielleicht haben die verhaßten Fliegen, die die Piloten zu der merkwürdigen Maskierung gezwungen haben, ihnen damit das Leben gerettet.

Wie besessen arbeiten diese inzwischen an ihrem Plan. Ihre Stimmung ist deutlich gestiegen. „Die Lösung mit dem Schwimmer als Segelboot war gut, und ich verfiel schon wieder in meine frühere Überheblichkeit, wenn ich mir vorstellte, was wir würden erzählen können, wenn wir in ein paar Tagen in einen Hafen einlaufen."

Der mittlerweile abgeschraubte Schwimmer ist in Kammern unterteilt, die für den neuen Zweck umgebaut werden. Sie müssen oben offen sein, brauchen aber einen Deckel, damit kein Wasser eindringen kann. In eine

Bertram näht für das Behelfsboot aus Bademänteln und einer Hose ein Segel. Zum Schutz gegen penetrante Insekten hat er sein Gesicht vermummt, er sieht aus wie ein Gespenst. Das schreckt die Aboriginals ab, von denen die Flieger heimlich beobachtet werden.

Kammer stopfen die Flieger die spärliche Ausrüstung, in die nächste kommt das restliche Trinkwasser, weitere werden mit Sand gefüllt, um dem wackeligen Rohr etwas Stabilität zu verschaffen. Zwei der Kammern funktionieren sie zu notdürftigen Sitzen um.

Tagelang arbeiten sie fieberhaft an ihrem Boot, bis sie schließlich mit dem Ergebnis einigermaßen zufrieden sind. Als besonders schwierig erweist es sich, ein behelfsmäßiges Ruder zu konstruieren. Außerdem brauchen sie noch ein kleines Segel – zwei Bademäntel und eine Leinenhose sind alles, was ihnen dafür zur Verfügung steht.

Dann fertigen sie mit dem Anlaßmagneten des Motors ein Feuerzeug an. Die Bauteile: einige Tropfen Benzin, eine Flasche und Watte. Zuerst wird die Flasche mit Watte gefüllt, dann das Benzin hineingegossen. Schließlich wird ein Kabel in die feuchte Watte gesteckt und mit dem Anlasser verbunden. Klausmann dreht die Kurbel am Motor. Es funktioniert, der Funke zündet. Gott sei Dank, Tabak ist schließlich ihr einziger Proviant. Während sie den Rauch in sich hineinsaugen, grübeln sie darüber nach, warum sie in diesem Land so hilflos sind. Den Einheimischen gelingt es doch auch, in dieser Wildnis zu überleben. Aber wie?

Bei der Landung auf der Piste in Wyndham zieht das Suchflugzeug eine mächtige Staubwolke hinter sich her. Pilot Nicholas steigt aus und schüttelt den Kopf. Nichts. Am nächsten Tag, dem 13. nach der Notlandung, meldet der *West Australian*: „Suche ergebnislos!“

Zur gleichen Zeit, als bekannt wird, daß die Suche nach den Piloten abgebrochen wurde, stechen die Vermißten mit ihrem Schwimmer in See. Bevor sie das schwere Metallteil ins Wasser zerren, befestigt Bertram einen Zettel an der Kabine des Flugzeugs. Auf ihm ist das Datum und das angepeilte Ziel ihres Rettungsversuchs vermerkt.

Bungeye und seine Bande beobachten die Piloten immer noch. Die Aboriginals warten, bis das primitive Boot weit draußen auf dem Meer ist. Dann stürmen sie auf das Flugzeug zu. Sie bestaunen den ölverschmierten Motor, öffnen die Tür und klettern ins Cockpit. Neugierig betrachten sie die geheimnisvollen Instrumente, spielen an allen Hebeln, wühlen in der zurückgebliebenen Ausrüstung. Die Schwarzen sind fasziniert, denn keiner von ihnen hat je einen Metallvogel von innen gesehen.

In der Zwischenzeit sind die beiden Flieger weit aufs Meer hinausgetrieben. Wie ein schwarzes Rohr tanzt der Schwimmer auf den Wellen, Bertram und Klausmann indes kauern bewegungslos in ihren Löchern. Sie sind mit den Nerven am Ende, denn sie mußten eine schreckliche Entdeckung machen: Das so mühsam konstruierte Gefährt läßt sich nicht steuern. Hilflos müssen sie zusehen, wie die Strömung ihr winziges Boot, das kaum den Wellen standhalten kann, immer weiter aufs offene Meer hinaustreibt.

Ebenfalls an der Nordküste, nur 150 Kilometer weiter östlich, ist Pater Cubero mit seinem frisch überholten Boot inzwischen wieder auf dem

Heimweg. Heute wird er *Drysdale River Mission* nicht mehr erreichen, deshalb sucht er nach einem geschützten Ankerplatz. Als er in der Dämmerung seinen Schlafsack auf Deck ausrollen will, steht plötzlich eine schwarze Gestalt am Ufer und winkt. Es ist ein Aboriginal, der für Tabak ein Tauschgeschäft machen will. Pater Cubero kennt dieses Ritual. Tauschen schon, aber gegen was? Der Schwarze hält eine kleine silberne Schachtel in die Höhe. Nun wird der Pater neugierig. Er winkt den Mann an Bord. Woher hat er dieses teure Zigarettenetui? Der Aboriginal überschüttet ihn mit einem Redeschwall: Gefunden, ganz in der Nähe, am Ende der Bucht. Gebannt starrt Cubero auf die eingravierten Buchstaben: *H.B.* Das könnten die Initialen von einem der vermißten Flieger sein, von denen er tags zuvor erfahren hatte. Cubero gibt dem Schwarzen ein Stück Preßtabak, dann wirft er den Motor wieder an. Eine erste Spur ist gefunden, jetzt zählt jede Stunde. Obwohl sein Boot nachts eigentlich nicht seetüchtig ist, steuert er es in voller Fahrt hinaus in die Dunkelheit.

In der gleichen Nacht sitzen Bertram und Klausmann einige hundert Kilometer weiter westlich in ihrem Schwimmer und starren hilflos auf die dunklen Wellen, die sie auf und nieder tanzen lassen. „Das ist das Ende. Wir werden immer weiter abgetrieben, morgen wird das Land zum Nebelstreif werden, dann wird nur noch Wasser um uns sein. Wasser und Himmel – dann muß der Wahnsinn kommen.“

Ein Schwimmer der *Atlantis* wird zum Segelboot umgebaut. Doch bald ist die Ruderanlage defekt, nun treibt das Boot hilflos mit der Strömung hinaus ins offene Meer.

Bertram wird diese Nacht nie mehr vergessen. „Es kam die Nacht, die mein Leben wandelte, von Grund auf und für alle Zukunft. Ich mußte erkennen, daß ich mit meinem Willen nichts mehr anfangen konnte, daß hier ein Riegel vorgeschoben war und ich keinen Weg mehr wußte gegen die Strömung, zurück ins Leben."

Er blickt hoch in den Sternenhimmel. Plötzlich durchströmt ihn ein eigenartiges Gefühl der Wärme, so als entdecke seine Seele in diesem endlosen Meer der Verlassenheit eine Insel. „In dieser Stunde erkenne ich die einfachste Wahrheit des Lebens... Ich Mensch brauche im Leben zwei Dinge – ich brauche einen Willen und einen Glauben! Selbst der eisernste Wille zerbricht eines Tages, wenn ich nicht *glaube!*... ich werde um unsere Rettung kämpfen – den Glauben aber, daß dieser Kampf erfolgreich ist, diesen Glauben hole ich mir immer wieder aus einem Gebet."

Ein Aboriginal fischt mit einem Speer. Bertram und Klausmann aßen in vierzig Tagen nur einen Fisch, eine Eidechse und drei Schnecken. Die Baumblätter waren unverdaulich.

Bertram spürt, daß etwas mit ihm geschehen ist, das er nicht beschreiben kann. Lange blickt er hinaus in die schwarze Unendlichkeit. Da ertönt hinter ihm ein heiserer Schrei. Klausmann hat es zuerst gesehen – Lichter am Horizont. Ein Schiff! Sie sind gerettet! Wild schreiend feuern sie Leuchtkugeln ab. Sie brüllen und winken wie verrückt, um ein Haar kentert der Schwimmer.

Doch dann können und wollen sie ihren Augen nicht trauen – das Schiff fährt weiter! Man hat sie nicht gesehen. „Das Leben fährt an uns vorbei!... Dann ist da plötzlich eine eiskalte Ruhe, und Todesangst schnürt mir die Kehle zu." Minutenlang ist es totenstill. Dann hört Bertram hinter sich ein leises Wimmern. Klausmann weint. „Ich gebe auf, ich will nicht mehr. Man soll mit mir machen, was man will. Ich gebe auf." „Klausmann hat an diesem 15. Tag die Nerven verloren. Von dieser Stunde an ist mein Kamerad krank. Jetzt bin ich allein..."

Am nächsten Tag erreicht das Boot von Pater Cubero die Flußmündung des Drysdale River, an der seine Missionsstation liegt. Sofort versammelt der Pater das Personal. Zwei seiner Aboriginals schickt er als *runner* in den Busch. Sie sollen nach Wyndham laufen und dem Polizeiposten dort melden, daß ein Etui mit den Initialen eines Piloten gefunden wurde. Der Läufer wird Tage unterwegs sein, denn Wyndham ist 250 Kilometer entfernt – Luftlinie. Die schwarzen *runner* müssen ein Gelände durchqueren, das für Weiße nicht passierbar wäre.

Dann stellt Cubero drei kleine Suchtrupps zusammen. Einer der Anführer ist Mudo-Mudo, sein bester Fährtensucher. Er soll mit seiner Sippe sofort aufbrechen und so schnell wie möglich zu der Küstenregion vordringen, in der das Etui gefunden wurde. Mehr kann Cubero nicht tun. Die Missionsstation verfügt über kein Funkgerät.

Am Morgen des nächsten Tages fallen die Strahlen der aufgehenden Sonne auf einen winzigen Punkt im Meer, der sich langsam bewegt. Die beiden Vermißten kauern apathisch in ihrem Aluminiumboot, doch sie rudern. Sie haben das Gefühl, als ruderten sie schon immer, als würden sie nie mehr aufhören zu rudern. Ganze vier Tage und vier Nächte lang. „Wir rudern nicht selbst. Eine fremde Kraft bewegt den Arm. Stoß für Stoß."

Dann taucht am Horizont ein schmaler grauer Streifen auf, das Ufer. Die beiden Ruderer bemerken es kaum. Ihre gesamte Energie, ihr letzter noch verbliebener Wille ist auf eine einzige Bewegung gerichtet: rudern. Plötzlich jedoch bohrt sich die metallene Spitze des Schwimmers in den Sand. Erstaunt blicken sie hoch: Sie sind tatsächlich am Ufer angelangt, sie haben es geschafft. Mit letzter Kraft kriechen sie an Land, fallen auf die Knie und beten. Dann brechen sie zusammen.

Zufall oder Fügung?

Mudo-Mudo kommt mit seiner kleinen Gruppe nur langsam voran. Die Aboriginals stehen vor einer fast unlösbaren Aufgabe. In dieser lebensfeindlichen Gegend sollen sie zwei Menschen finden – im Umkreis von 50–100 Kilometern. Zwei Menschen, die sich vielleicht längst vor der erbarmungslosen Sonne unter einen Busch verkrochen haben und im Sterben liegen. Eine Stecknadel im Heuhaufen.

Doch noch denken die Vermißten nicht ans Sterben. Sie haben ihre Karte auf dem Sand ausgebreitet und versuchen festzustellen, wo sie sich jetzt befinden. Auch in diesem Moment zweifeln sie nicht daran, auf Melville Island zu sein. Bertram vermutet, daß die vier Tage auf See sie vielleicht doch vorangebracht haben. Er redet sich ein, es fehlten jetzt nur noch etwa 10 Kilometer bis zur Südwestküste, wo der Hafen liegt. Noch einmal mobilisieren sie die letzten Kräfte und brechen erneut auf. Schritt für Schritt wanken sie weiter. Inzwischen sind sie so schwach, daß sie den alarmierenden physischen Verfall nicht mehr verleugnen können.

Und dann geschieht das Unglaubliche: Sie finden ein Wasserloch – die einzige Wasserstelle im Umkreis von über 100 Kilometern, die das ganze Jahr über nicht austrocknet. Wie wilde Tiere stürzen sie darauf zu, werfen sich hinein und trinken, bis sie husten und fast ersticken. „Ein Wunder!... Und wieder ist es ein Augenblick in meinem jungen Leben, in welchem ich die Allmacht spüre, die mir hilft, die mir auf dem Meer die Kraft gab und die mich jetzt hierher führt zu diesem Tümpel."

In der Tat: Wie leicht hätten sie an diesem Wasserloch vorbeigehen können, ohne es zu bemerken. Und war nicht ihr Schwimmer gerade dort an Land getrieben, wo die rettende Wasserstelle in unmittelbarer Nähe lag? Sollten das alles Zufälle sein?

Das frische Wasser gibt ihnen neuen Mut. Aus einem Regenmantel konstruieren sie einen Wassersack, den Kompaß wickeln sie in Tücher. Mit diesen Bündeln über der Schulter setzen die beiden ihren Weg durch den Busch fort. Drei Tage lang taumeln sie durch Gestrüpp und Dornen, dann stehen sie auf einem Hügel. Endlich ein Überblick. Bertram ist sich sicher, dahinter muß die Küste sein. Und einen trügerischen Augenblick lang glauben sie tatsächlich das Meer zu sehen. „Aber etwas ist seltsam: das Meer ist so grau und starr, es atmet nicht, ist wie tot... Das da vor

Der abgesägte Schwimmer der *Atlantis*, mit dem die beiden Flieger nach ihrem ersten Versuch ein zweites Mal in See stechen, allerdings wieder vergeblich.

uns ist nicht das Meer, ist kein Wasser! Das da unten ist Busch, totes Land..."

In dieser Sekunde erkennt Bertram den Navigationsfehler, der ihm auf seinem Nachtflug unterlaufen ist. Jetzt weiß er auch, wo sie sich befinden: an der Küste Nordaustraliens, irgendwo im Niemandsland westlich von Darwin. Damit bricht jede Hoffnung auf Rettung zusammen. Hier wird sie niemand suchen!

An diesem Tag, dem 23. nach der Notlandung, telegraphiert der deutsche Konsul in Sydney folgende Nachricht nach Berlin: „Suche nach Bertram und Klausmann eingestellt."

Die Vermißten liegen zu diesem Zeitpunkt unter einem Busch und versuchen sich noch einmal mit der Landkarte zu orientieren. In dem menschenleeren Gebiet, wo sie jetzt sind, gibt es nur einen winzigen Ort: Wyndham. Alles andere ist auf der Karte grau schraffiert: *unknown* – unerforscht. Irgendwo in diesem unbekannten Niemandsland befinden sie sich. Die Entfernung nach Wyndham? Schwer zu schätzen, etwa 200 Kilometer? Eine Strecke, die sie keinesfalls schaffen können. Bertram weiß, daß sie ihre Körper längst über alle Grenzen hinaus belastet haben. „Ich mag den stärksten Willen und den tiefsten Glauben haben, vorwärtszukommen – ich kann unseren Muskeln nicht befehlen, wenn es keine Muskeln mehr gibt. In wenigen Tagen werden die Körper endgültig tot sein, selbst wenn das Hirn noch lebt... Ich versuche zu beten – aber diesmal hilft auch das Gebet nicht mehr!"

Resigniert legt sich Bertram auf den Boden und schließt die Augen. So ähnlich muß das Ende aussehen. In diesem Augenblick glaubt er eine Stimme zu hören. Eine Frau spricht zu ihm – seine Mutter: „Sie sagt, daß man zu Hause auf mich warte, daß uns die Welt aufgegeben hat, ertrunken in der Timorsee glaubt, daß *sie* aber weiß, daß ich eines Tages zu ihr zurückkomme, daß ich lebe und mich durchkämpfen werde."

Bei Sonnenaufgang kriechen die beiden Piloten wieder durch den Busch. Zurück nach Norden – dorthin, wo sie den Schwimmer am Ufer zurückgelassen haben. Drei schreckliche Tage quälen sie sich durch das *Outback*. Bertram hat nur noch einen Gedanken: „Wir müssen wieder ins Boot, müssen wieder den Versuch machen zu segeln, diesmal Richtung Ost, Richtung Wyndham."

Es gelingt ihnen tatsächlich, sich zurück zur Küste zu schleppen. Doch dort wartet eine böse Überraschung: Der Schwimmer wurde inzwischen von den Wellen demoliert. Noch ein letztes Mal zwingen sich die beiden Flieger zu einer aberwitzigen Aktion. Mehr liegend als sitzend sägen sie den defekten Teil des Schwimmers ab. Für ein Segel ist das Boot jetzt zu klein, mit dem letzten Lederriemen bringen sie notdürftig zwei Ruder an. Morgen wollen sie noch einmal los, hinaus aufs Meer.

Nach Sonnenuntergang entdeckt Bertram plötzlich in der Ferne eine Rauchsäule. Ein Feuer? Dann müssen dort Menschen sein. Nun ist er

Bertram mit dem Halstuch seiner Mutter, das er wie einen Talisman trägt. In Momenten tiefster Resignation hörte er ihre Stimme, die ihm sagte, daß sie die Hoffnung auf Rettung nicht aufgegeben hatte.

nicht mehr zu halten. Wie in Trance wickelt er sich ein paar Lappen um die zerschundenen Füße, dann rennt er los wie ein Wahnsinniger. Er läuft und läuft, weiß nicht, woher er plötzlich diese Energie hat. Doch als er die Flammen fast erreicht hat, bleibt er abrupt stehen. Mit einem Schlag wird ihm klar, daß ihn eine Vision genarrt hat. Es ist nur ein Buschfeuer. Mit dieser Erkenntnis versiegt Bertrams Überlebenswille endgültig, totale Verzweiflung erfüllt ihn. Und er spürt dieselbe Versuchung, der er schon einmal fast erlegen wäre – damals, als er die Pistole ins Meer geworfen hat. Minutenlang starrt er fasziniert in die Flammen, dann geht er langsam auf die glühende Wand zu. „Der Tod ist im Feuer, man braucht nur hineinzugehen, und alles hat ein Ende! Ich *weiß*, daß das Wahnsinn ist. Aber ich kann nicht dagegen an – meine Füße tragen mich voran, Schritt für Schritt, auf das Feuer zu. Ich stehe im Rauch. Er erstickt mich. Ich greife zum Hals. Da ist ein Tuch, fünffach verschlungen. Ich will Luft, herunter mit dem Fetzen!“ Hustend will sich Bertram den Stoff vom Hals reißen und ihn vor den Mund halten, da erkennt er das Tuch seiner Mutter wieder, den Talisman, der ihn auf jedem seiner Flüge begleitet hat. Und wieder hört er ihre Stimme: „Sie ruft mich und treibt mich aus den Flammen. So habe ich den beginnenden Wahnsinn erlebt.“

Die *runner* von der Missionsstation erreichen nach Tagen die staubige Hauptstraße von Wyndham, zur Polizeistation sind es jetzt nur noch ein paar hundert Meter.

In einer kleinen Bucht im Westen ziehen Bertram und Klausmann ein letztes Mal ihr verstümmeltes Boot ins Wasser. Der Schwimmer besteht jetzt nur noch aus einem kurzen Rumpf. Mit den behelfsmäßigen Rudern stoßen sie die zerbeulte Metallröhre vom Ufer ab. In der Hoffnung, von der Strömung nach Osten getrieben zu werden, paddeln sie langsam hinaus aufs Meer.

Rettungsversuche

Sergeant Flinders ist ein hagerer, sonnengegerbter Mann, der die meiste Zeit seines Lebens auf verlassenen Außenposten Dienst getan hat. Er weiß, was die beiden Aboriginals, die soeben zögernd und sichtlich erschöpft in sein Büro getreten sind, hinter sich haben. Er weiß auch, welchen Wirbel die Nachricht auslösen wird, die er gleich per Telegraph nach Perth schicken will. Und noch etwas ist ihm klar: Es wird eine Menge Arbeit auf ihn zukommen.

In Perth schlägt die Nachricht von dem gefundenen Etui wie eine Bombe ein. Endlich eine Spur von den Verschollenen. Sofort wird ein Krisenstab gebildet. Die Verantwortlichen sind sich einig: Sie müssen jetzt alle Hebel in Bewegung setzen. Wenn noch eine Chance besteht, die beiden Flieger lebend zu finden, zählt jede Stunde.

Die Gesuchten rudern zu diesem Zeitpunkt auf einen großen Felsvorsprung zu. Er hat ihnen bisher die Sicht auf den weiteren Küstenverlauf versperrt. Doch was sie nun erblicken, raubt ihnen die letzte Hoffnung: Vor ihnen liegt ein weiter, offener Meeresarm. Der Wind peitscht dort das Wasser zu hohen Wellen auf, die für ihr winziges Boot tödlich wären. Jetzt ist endgültig klar, daß sie nicht mehr weiterkommen werden. Es ist der 30. Tag.

In Wyndham laufen inzwischen verschiedene Suchaktionen an. An der Hafenmole legt die Barkasse ab, die sonst das Kühlfleisch des Schlachthofs transportiert. Der Kapitän hat den Auftrag, die Küste Richtung Westen abzusuchen. Auf dem kleinen Airstrip startet Pilot Sutcliffe mit dem Postflugzeug, um die Gegend aus der Luft zu erkunden. Auch Sergeant Flinders hat alle Hände voll zu tun, denn er muß einen Suchtrupp zusammenstellen. Sein Kollege, Constable Marshall, soll versuchen, den fraglichen Küstenabschnitt auf dem Landweg zu erreichen – ein mühseliges Unterfangen, wofür er mindestens 14 Tage brauchen wird.

Auch Mudo-Mudo von der *Drysdale River Mission* kommt mit seinen Leuten nur langsam voran. In welche Richtung mögen die Piloten von der Krokodilsbucht aus marschiert sein? Mudo-Mudo sieht nur eine Möglichkeit: Wenn er die Stelle erreicht hat, muß er kreisförmig in allen Richtungen nach Spuren suchen. Doch auf dem felsigen Boden sind diese nur schwer zu erkennen.

Das winzige Boot mit den Verschollenen treibt inzwischen wieder auf die Küste zu. Kaum läuft der zerbeulte Schwimmer auf Grund, lassen sich die beiden Männer mutlos in den Sand fallen. „Und was jetzt? Die Antwort ist einfach und klar: Jetzt ist es aus!... Die Wildheit des Landes war stärker als wir."

Einige Stunden später liegen sie immer noch am selben Fleck. Plötzlich glaubt Bertram, nun endgültig Halluzinationen zu bekommen. Er hört das Geräusch eines Motors am Himmel. Doch er hat kaum noch die

Mudo-Mudo, der Fährtensucher von der Missionsstation am Drysdale River. Er und seine Gruppe haben die Vermißten entdeckt und gerettet.

Kraft, den Kopf zu heben. Kurz darauf taucht das Suchflugzeug von Captain Sutcliffe über den Felsen auf. Die Maschine kommt näher und kreist direkt über den Köpfen der Vermißten. Doch so sehr diese auch winken, Sutcliffe sieht die halbverhungerten Männer nicht. Das Flugzeug verschwindet wieder. Bertram kann es nicht fassen. Warum quälte sie das Schicksal so? Wie war so etwas möglich? Schließlich findet er eine Erklärung. Der Pilot saß in einer geschlossenen Kanzel, so daß er keinen Blick direkt nach unten werfen konnte.

Auch die Barkasse aus Wyndham sucht mittlerweile das Ufer ab, ist aber noch weit von der Stelle entfernt, an der Bertram und Klausmann entkräftet im Sand liegen. Nach so vielen Kämpfen und Enttäuschungen müssen sie nun die letzte Hoffnung aufgeben.

Doch kurz darauf erwacht Bertram noch einmal zum Leben. Er bekommt mörderische Zahnschmerzen. Nur mit äußerster Mühe kann er den völlig apathischen Klausmann überreden, ihm den kranken Zahn zu ziehen. Eine Zange aus dem Werkzeugkasten ist alles, was zur Verfügung steht. Während der fürchterlichen blutigen Operation fällt Bertram immer wieder in Ohnmacht.

Zur gleichen Zeit passiert im *Outback* irgendwo nördlich von Wyndham etwas Eigenartiges. Ein Aboriginal aus dem Lager von Bungeye brüstet sich vor einem anderen Schwarzen damit, sein Stamm habe die beiden Weißen mit dem eisernen Vogel erschlagen. Das Gerücht verbreitet sich und gelangt schließlich nach Wyndham. Inzwischen werden auch die Namen der angeblich beteiligten Personen genannt.

Sergeant Flinders weiß nicht recht, was er von der Geschichte halten soll. Noch ist der Suchtrupp nicht aufgebrochen. Er gibt Constable Marshall einen Zettel mit den Namen der Verdächtigen mit auf den Weg. Wenn möglich, soll dieser die Leute unterwegs festnehmen.

Pilot Sutcliffe hat inzwischen mit seinem Doppeldecker die Bucht entdeckt, in der die *Atlantis* vor Anker liegt. Er kann nicht landen, sieht aber schon aus der Luft die vielen Fußspuren im Umkreis der Maschine. Überall liegen wahllos verstreute Ausrüstungsgegenstände herum. Ihm wird klar, daß das Flugzeug geplündert worden ist. In unmittelbarer Nähe erkennt er noch die Reste eines Aboriginal-Camps. Auch das ist kein gutes Zeichen. Der Verdacht, daß hier etwas Schreckliches geschehen ist, erhärtet sich. Um einen Sack mit Proviant abzuwerfen, kreist Sutcliffe im Tiefflug noch einmal über das verlassene Flugzeug. Da entdeckt er den Zettel an der Kabinentür.

Bertram und Klausmann sind jetzt endgültig am Ende ihrer Kräfte. Sie kriechen am Ufer entlang und versuchen, irgendwo Schatten zu finden. Ihre zerschundenen Körper wollen nur noch eins: sich nicht mehr bewegen müssen. Schließlich finden sie in den Felsen eine kleine Höhle. Mit letzter Energie kriechen sie hinein. Nun sind sie nicht mehr zu sehen, weder aus der Luft noch vom Wasser aus.

Während Captain Sutcliffe die Nachricht von seiner Entdeckung mit der genauen Positionsangabe der *Atlantis* auf ein Stück Papier kritzelt, zieht er die Maschine schon wieder hoch. Er steckt den Zettel in einen wasserdichten Beutel, dann macht er ein zweites, identisches Päckchen. Dieses wirft er über *Drysdale River Mission* ab, die zweite Botschaft über der Suchbarkasse. Für den Kapitän ist die Nachricht am wichtigsten, er kann die Bucht, wo die *Atlantis* liegt, am schnellsten erreichen.

Schon nach einem halben Tag ist das Schiff am Ziel. Der Kapitän rudert an Land und liest die Botschaft an der Kabinentür. Doch er kann die wichtige Information nicht weitergeben, da sein Schiff kein Funkgerät besitzt. Also tut er das einzige, was ihm in dieser Situation möglich ist: Er steuert die Barkasse in der angegebenen Richtung nach Osten in der Hoffnung, die Verschollenen irgendwo am Ufer zu entdecken.

Am Nachmittag zieht Regen auf, der das Boot in Nebelschwaden hüllt und somit den Blick aufs Ufer unmöglich macht. Zweimal wird das Schiff später an der Höhle vorbeifahren, in die sich die Vermißten zurückgezogen haben, ohne sie zu entdecken.

Diese sitzen inzwischen schweigend an ihrem kleinen Feuer und starren in die Flammen. Zu sagen gibt es nichts mehr. Nur als der Regen beginnt, leuchtet für einen kurzen Moment wieder ein schwacher Hoffnungsschimmer in ihren Augen. Die Männer schleppen sich zum Eingang der Höhle und lassen sich auf den Rücken fallen. Dann reißen sie die vertrockneten Münder so weit auf, daß ihnen die Regentropfen direkt in den Schlund fallen. Doch das Wasser bringt den ausgehungerten Körpern keine Energie. Das Ende ist jetzt unausweichlich.

Das Gerücht, die verschollenen Flieger seien ermordet worden, führt zu einem schrecklichen Mißverständnis: Der offizielle Suchtrupp nimmt unterwegs eine Gruppe von Aboriginals fest. Ironie des Schicksals: Zu dem Zeitpunkt, als diese Schwarzen in Ketten gelegt werden, haben andere Aboriginals die Vermißten gerettet.

Für Mudo-Mudo und seine Gruppe ist es nun fast unmöglich geworden, ihren Weg weiterzuverfolgen. Jetzt können sie nur noch auf einen Zufall hoffen.

In der Höhle ist die Stimmung weiterhin katastrophal. Für ein bis zwei Tage kann das frische Wasser den beiden Fliegern wieder Hoffnung geben, aber dann? Ihre Psyche kann keine weitere Enttäuschung mehr verkraften. Der Wille, noch länger um ihr Leben zu kämpfen, ist erschöpft. Seit Wochen haben sie nichts gegessen. Der Körper hat seine letzten Reserven längst verbraucht. Er will nur noch schlafen. Und nicht mehr aufwachen.

Energisch kämpft sich Constable Marshall mit seinem Suchtrupp immer weiter durch den Busch. Er hatte Glück. Die des Mordes an den beiden Deutschen verdächtigten Schwarzen konnte er unterwegs verhaften. Allerdings sind diese Gefangenen jetzt ein enorme Bürde für die kleine Expedition, denn Marshall blieb nichts anderes übrig, als die Männer einfach mitzunehmen. Angekettet wanken die Schwarzen in der glühenden Hitze hinter den Polizisten durch den Busch. Nur mühsam kommt die Karawane voran.

In der Höhle ist es totenstill. Bertram und Klausmann bewegen sich nicht mehr. Die Flammen des Feuers werden immer kleiner, die dünne Rauchsäule, die durch ein Loch im Felsen nach oben ins Freie steigt, ist kaum noch zu sehen. Bald wird auch die letzte Glut erloschen sein. „Das Feuer ist unser eigenes Leben – solange die Flamme lebt, so lange wollen auch wir leben ... Die Flamme soll uns vom Leben erzählen, und wir werden warten, solange die Flamme brennt. Es ist unser letztes Ziel."

Es ist schon spät am Nachmittag, als Mudo-Mudo am Horizont eine winzige Rauchsäule entdeckt. Sie ist so zart, er glaubt, seine Augen täuschen ihn. Doch er nimmt sich vor, am nächsten Tag die Gegend dort drüben genauer abzusuchen.

Das Wunder der Rettung

Mit halbgeschlossenen Augen starren die Flieger auf die Feuerstelle, in der die letzte Glut verglimmt. Bertram hat das Gefühl, daß dies ihre letzte Nacht sein wird.

Als er am nächsten Morgen die Augen öffnet, geht draußen über dem Meer gerade die Sonne auf. Das Feuer ist erloschen. Sein Blick wandert zu Klausmann. Dieser liegt regungslos da. Nur die Augen hat er einen Spalt weit geöffnet. Doch als er dem Blick des Kameraden begegnet, schließt er sie wieder. Er ist bereit, an diesem Tag zu sterben.

Einen Moment später stockt Bertram das Blut in den Adern. Wird er noch im Sterben von Halluzinationen gequält? Dort, am Ufer vor der Höhle, steht ein Mensch! Ein Aboriginal fischt mit einem Speer. In dieser Sekunde ertönt hinter Bertram ein unmenschliches Gebrüll. Auch Klausmann hat den Schwarzen gesehen. War es also doch kein Traum? Schluchzend preßt Bertram die Hände vor das Gesicht. Als er die Augen wieder öffnet, steht Mudo-Mudo am Eingang der Höhle. An seinem Speer zappelt ein Fisch.

Zu diesem Zeitpunkt ist Constable Marshall mit seinem Suchtrupp und den Gefangenen noch fast sechs Tagesmärsche vom Ort des Geschehens entfernt. Er kommt immer langsamer voran. Das felsige Terrain wird zunehmend steiler, jeder Schritt bedeutet eine Tortur.

Die Känguruh-Keule sieht gut aus, aber nach vierzig Tagen ohne Essen kann der Magen der Verschollenen keine Nahrung mehr verdauen. Die ersten Tage muß jedes Stück von den Aboriginals vorgekaut werden.

Bertram und Klausmann mit ihren Rettern. Während Constable Marshall, der Führer des offiziellen Suchtrupps, eine Medaille erhält, wird die Leistung der Aboriginals, der wirklichen Retter der Vermißten, von den Behörden ignoriert.

Rechte Seite: Nach dem glücklich überstandenen Abenteuer holt Bertram sein Flugzeug und fliegt zu allen großen Städten Australiens, um sich bei der Bevölkerung für seine wunderbare Rettung zu bedanken. Klausmann hingegen ist immer noch geistig verwirrt und wird mit dem Schiff nach Deutschland gebracht.

Am 40. Tag nach der Landung steht die Sonne hoch am Himmel. Bertram und Klausmann sitzen vor dem Eingang ihrer Höhle, umringt von Mudo-Mudos Sippe, und versuchen, den rohen Fisch zu verschlingen. Doch sie sind nicht mehr in der Lage, zu essen. Zu lange war ihr Magen ohne Nahrung, nun funktioniert er nicht mehr. Mit zitternden Fingern holt Bertram noch einmal den Brief hervor, den ihm Mudo-Mudo gleich nach ihrer Begegnung in die Hand gedrückt hat. Es ist eine Botschaft von Pater Cubero, der die beiden Flieger bittet, zu ihren Rettern Vertrauen zu haben, sie würden sich um alles kümmern. Mit Tränen in den Augen kritzelt Bertram eine Antwort auf das Papier:

etwa am 22. Juni 1932

Gott lebt!
an die Patres der Drysdale River Mission!
Mein Gott, wir sind gerettet – ich kann nicht schreiben, mein Verstand ist fast am Ende – heute morgen fanden uns vier Schwarze – ich schicke zwei zu Ihnen

JUNKERS
Europe - Australia - Europe

– wir sind etwa hier – (Bertram hat eine Skizze angefertigt) – wir warten und beten – ich kann nicht mehr schreiben – ich küsse Euer gesegnetes Kreuz!

die verschollenen Flieger Bertram – Klausmann

Als Constable Marshall an diesem Tag das Camp für die Nacht aufschlägt, entdeckt er am Horizont eine Rauchsäule. Während er noch überlegt, ob es sich um ein Buschfeuer oder ein Aboriginal-Camp handelt, kommen zwei *runner* zu ihm. Sie bringen die Nachricht von Mudo-Mudo, daß die Gesuchten bei Cape Bernier gefunden wurden. Noch vor Morgengrauen bricht Marshall im Eilmarsch zu seiner letzten Etappe auf.

Es dauert noch vier Tage, bis der Polizeitrupp im Lager der Vermißten eintrifft. Die Aboriginals haben sich in der Zwischenzeit fürsorglich um die beiden Weißen gekümmert. Doch Bertram und Klausmann bereitet es immer noch Mühe, zu kauen und zu schlucken. Feste Nahrung wie Fleisch oder Brot muß von den Schwarzen vorgekaut werden, erst dann können die geschwollenen Gaumen sie aufnehmen.

Als Marshall eintrifft, werden die Geretteten auch ärztlich versorgt. Der Constable schickt seine besten *runner* los, um die Nachricht von der erfolgreichen Suche so schnell wie möglich nach Wyndham zu bringen. Außerdem muß die Barkasse verständigt werden, sie soll zuerst die Vermißten abholen, später den Constable und seine Männer.

Nach weiteren vier Tagen kommen die schwarzen Läufer in Wyndham an. Jetzt geht die Nachricht von der sensationellen Rettung um die Welt.

Als das Boot Bertram und Klausmann schließlich in die Zivilisation zurückbringt, sind genau 53 Tage vergangen seit dem Tag, an dem sie im *Outback* notlanden mußten. Bei Klausmann hat die Tortur bleibende Spuren hinterlassen. Er wirkt geistig gestört und muß mit dem nächsten Schiff in die Heimat gebracht werden. Nie wieder hat er ein Flugzeug bestiegen.

Bertram hingegen erholt sich schnell. Er repariert seine geliebte *Atlantis* und fliegt dann nach Perth, um von dort aus zu einem Rundflug über ganz Australien zu starten. Er will sich bei der Nation für die wunderbare Rettung bedanken. Erst dann macht er sich mit seiner Maschine auf den Heimflug nach Deutschland.

Für den Rest seines Lebens wird sich Bertram daran erinnern, welch außerordentliche Verkettung von Umständen in letzter Minute zu seiner Rettung führten. Hätten die beiden in der Höhle nur eine Minute länger geschlafen, hätte Klausmann nicht geschrien und Mudo-Mudo sie vermutlich nie gesehen. Wäre ihr winziges Boot an einer anderen Stelle an den Strand getrieben worden, hätten sie das Wasserloch nicht gefunden. Hätte Pater Cubero sein Boot nicht ausgerechnet am Tag der ersten Zeitungsmeldung überholen lassen, hätte er von den Vermißten wahrscheinlich nie gehört. Wäre er nicht in der Krokodilsbucht vor Anker

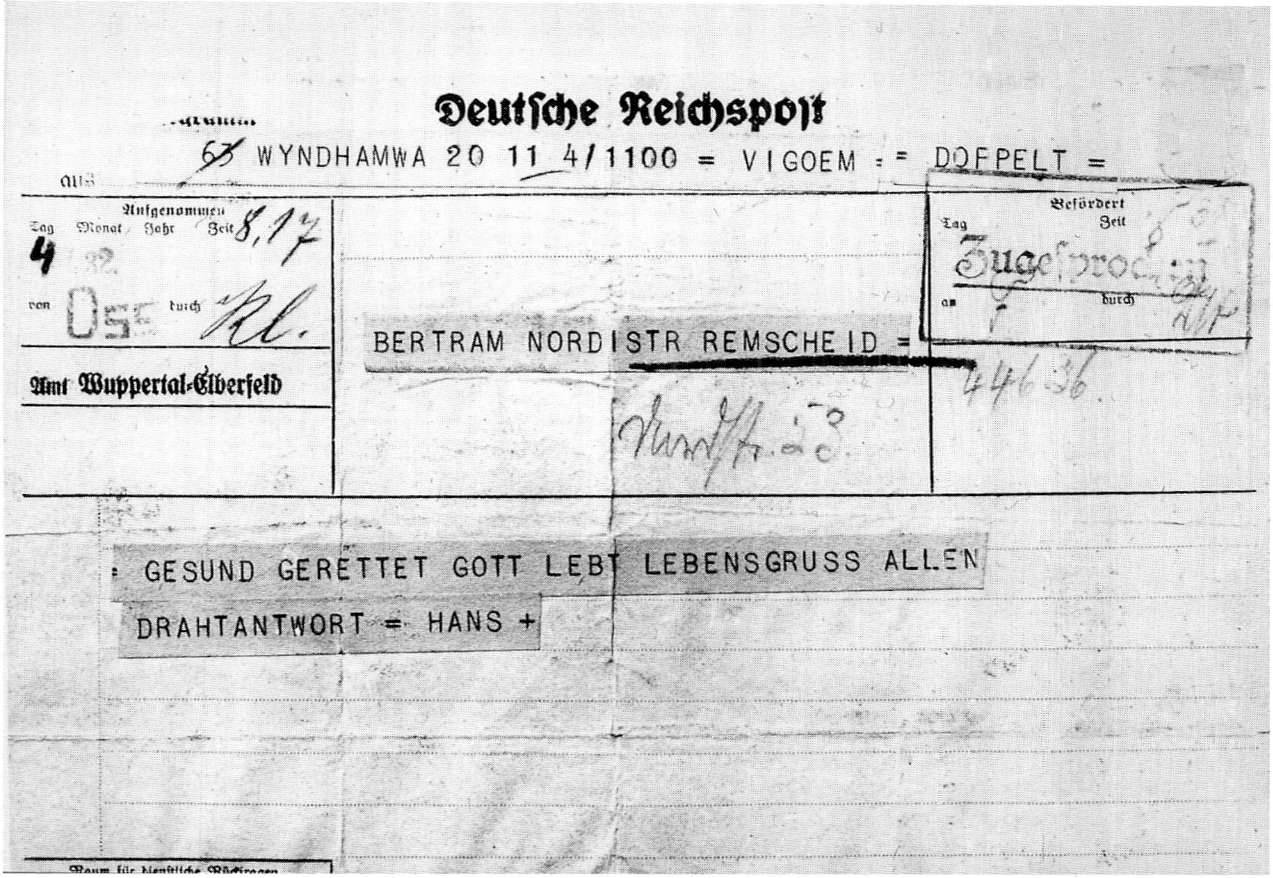
Deutsche Reichspost

63 WYNDHAMWA 20 11 4/1100 = VIGOEM = DOPPELT =

Aufgenommen Tag Monat Jahr Zeit 8.17

4 32

von Oss durch Kl.

Amt Wuppertal-Elberfeld

Befördert Tag Zeit

Zugesprochen

durch

BERTRAM NORDISTR REMSCHEID =

44636

GESUND GERETTET GOTT LEBT LEBENSGRUSS ALLEN

DRAHTANTWORT = HANS +

Das Telegramm, das Bertram nach seiner Rettung an seine Mutter in Remscheid schickte.

gegangen, hätte niemand von dem Etui erfahren, und Mudo-Mudo wäre an diesem Teil der Küste gewiß nicht auf die Suche nach ihnen gegangen. Selbst die Episode mit den Krokodilen war kein Zufall: Hätten sie diese schrecklichen Augenblicke von Todesangst nicht erlebt, wäre das Etui nicht verlorengegangen, und man hätte sie später auch nie gesucht.

Seit seinem haarsträubenden Abenteuer in Australien gab es für Bertram keine Zufälle mehr. Er ist ein gläubiger Mensch geworden.

Epilog: Eine weitere Ironie des Schicksals traf nicht nur Bertram, sondern vor allem die Chinesen. Der eigentliche Anlaß des Australienflugs ist im wahrsten Sinne des Wortes untergegangen. Das Buch, in dem die Spendenzusagen der chinesischen Kaufleute verzeichnet waren, immerhin ein Gegenwert von 97 Flugzeugen, sank mit dem übrigen Gepäck auf den schlammigen Grund der Krokodilsbucht. Es war damit für immer verloren.

Schwingen der Hoffnung

Ein Traum

Juliane hat einen Traum. Eigentlich sind es zwei ineinander verwobene Träume. Sie träumt, daß sie wie rasend in einem dunklen Raum herumgewirbelt wird, dicht über dem Boden, immer an den Wänden entlang fliegend. Sie berührt den Boden nicht, sie kreiselt in wahnsinniger Geschwindigkeit. Zugleich hat sie das dringende Bedürfnis, sich zu waschen. Sie fühlt, daß ihr Körper mit Schlamm bedeckt ist. Sie will zur Badewanne, kann sie aber nicht erreichen, obwohl es ja ganz einfach wäre, in die Wanne zu steigen. Sie nimmt alle Willenskraft zusammen, und in dem Moment, wo sie den ersten Schritt tut, wacht sie auf.

Sie findet sich unter dem Sitz eines Flugzeugs wieder, genauer: unter drei zusammenhängenden Sitzen, das Gesicht halb im Schlamm. Ihr Körper trieft vor Schmutz und Regen. Um sie herum ist dichter Urwald. Sie hört ein wüstes Konzert von Fröschen, von Vögeln und das Summen von Insekten und weiß, es muß lange nach Tagesanbruch sein. Ihre Uhr geht noch, sie stellt fest, daß es neun Uhr am Morgen ist. Ihr dämmert, daß sie den ganzen gestrigen Nachmittag und die gesamte Nacht ohne Bewußt-

Am Rio Shebonya, den Juliane Koepcke nach dem Flugzeugabsturz genau hier nach vier Tagen Fußmarsch erreicht hatte. Der eigenartige Ruf eines seltsamen Vogels hatte ihr den Weg zum Wasser gewiesen.

sein im strömenden Regen gelegen haben muß. Sie versucht sich aufzurichten, kommt auch bis auf die Knie hoch, dann wird ihr wieder schwarz vor den Augen.

Sie träumt von Fröschen, von so vielen Fröschen, daß sie von der Vorstellung, daß Frösche so träumen, wieder erwacht. Sie kommt irgendwie auf die Beine. Das Gefühl grenzenloser Verlassenheit überwältigt sie. Sie blickt um sich. Sie sieht nicht ganz scharf, weil ihre Brille weg ist, aber sie erkennt genau genug, daß rings um sie nur Urwald ist. Nur sie, die Dreiersitzbank und der Urwald. Kreischen von Vögeln, Gewitterregen, Frösche, Moskitos, die sie böse umsurren. Ihre Mutter ist fort. Wo kann sie nur sein? Sie hat doch gerade noch neben ihr auf dem Mittelplatz gesessen. Juliane sucht ringsum alles ab, aber da ist nichts. Auch der dicke Mann vom Gangplatz ist nicht mehr da. Sie ruft: „Ist jemand da?" Immer verzweifelter ruft sie, aber es hört sie niemand. Sie weiß, sie träumt jetzt nicht.

Juliane findet einen Weihnachtsstollen, der aber so vom Regen durchweicht und voller Schlamm ist, daß sie ihn liegen läßt. Dann findet sie einige Bonbons, die sie an sich nimmt. Jetzt erst richtet sie ihre Aufmerksamkeit auf sich selbst. Ihr Schlüsselbein ragt seltsam verquer unter der Haut hervor. Der Knochen ist gebrochen und hat sich an dieser Stelle übereinandergeschoben. Ihr linkes Auge ist vollkommen zugeschwollen. Aus dem rechten, das ebenfalls geschwollen ist, sieht sie nur durch einen schmalen Schlitz. Als sie nach vielen Tagen gerettet ist, sind ihre Augen noch so blutunterlaufen, daß indianische Dorfbewohner entsetzt fliehen, weil sie meinen, einen Waldgeist vor sich zu haben. Sie hat nur noch einen Schuh, den sie störrisch behalten wird. An einem Unterschenkel klafft eine tiefe, gezackte Fleischwunde, die zu ihrem Erstaunen überhaupt nicht blutet und nur ganz weiß aussieht. Eine andere tiefe Wunde am Oberarm bemerkt sie erst richtig, als große Maden darin herumzukriechen beginnen. Wochen später, nachdem sie bereits das Krankenhaus verlassen hat, wird ihr Knie anschwellen, und man wird feststellen, daß auch ihr Kreuzband gerissen ist und ein Schienbein einen Haarriß aufweist.

Sie weiß, daß sie abgestürzt ist, ohne Flugzeug. Von dem Flugzeug keine Spur, nichts. Keine gebrochenen Äste über ihr, keine Trümmer, keine Leichen, keine Schneise vom Einschlag. Wie eine ferne Erinnerung dämmert ihr, daß sich das Flugzeug in drei Kilometer Höhe in Einzelteile aufgelöst hat. Später wird man Trümmer im Umkreis von 15 Quadratkilometern vom Himmel in den Dschungel herabgeregnet finden.

Ein Geräusch, das die ganze Zeit schon da war und das sie durch den dichten Nebel ihrer schweren Gehirnerschütterung an sich herankommen lassen wollte, aber nicht einordnen konnte, wird auf einmal deutbar: Es ist das Rieseln eines Wassers. Ganz nahe, sie hatte es ständig gesehen, ohne es wahrzunehmen, gluckert eine kleine Quelle. Wasser fließt über einen Stein und plätschert leise in einen Tümpel. Von dort beginnt, handbreit nur, ein Bächlein. Ohne nachzudenken weiß sie, sie muß dem Wasser folgen; nur das wird sie retten. Man wird sie hier im Urwald niemals finden, selbst wenn ein Hubschrauber genau über ihr wäre, könnte er sie durch das dichte Laubdach nicht ausmachen. Die eiserne Regel in einem solchen Fall lautet eigentlich, an der Absturzstelle auszuharren, bis Rettung kommt. Aber Juliane wird mit schlafwandlerischer Sicherheit jeden Schritt richtig machen, jeden. Man hat von zwei Wundern ihrer Rettung gesprochen: dem Wunder, daß sie den Absturz überlebt hat, und dem Wunder, daß sie sich ganz allein aus dem Urwald gerettet hat, nachdem bereits die großangelegte Suche nach vielen Tagen als hoffnungslos eingestellt worden war. Nur das erste Wunder war ein Wunder. Das zweite war keines, es hat einen Namen. Es war das 17jährige Mädchen Juliane Koepcke in ihrem Minikleidchen, allein im peruanischen Regenwald, das sich mit unfaßbarem Überlebenswillen selbst gerettet hat.

Weihnachten

Es ist der 24. Dezember 1971, Weihnachtstag. Am Schalter der Fluglinie LANSA (Lineas Aereas Nacionales, Sociedad Anonima) im peruanischen Lima drängen sich die Passagiere. Schon am Tag zuvor hatte die LANSA ihre beiden Inlandsflüge ausfallen lassen, denn die Gesellschaft verfügt nach einigen spektakulären Abstürzen nur noch über eine einzige flugtaugliche Maschine. Eine weitere ist zwar noch in ihrem Besitz, aber die wird seit

Der Autor mit Juliane vor einem Teil der Passagierkabine. Werner Herzog war oft mit genau dieser Maschine geflogen und am Weihnachtstag 1971 mit seiner Ehefrau und acht Schauspielern und Technikern auf dieses Flugzeug gebucht. Nur wegen eines Motorschadens wurde der erste Flug dieses Tages gestrichen.

Monaten als Ersatzteillager ausgeschlachtet. Die *Lockheed Elektra*, eine viermotorige Turbopropmaschine, die ohne Unterlaß fliegt, muß repariert werden, und so stauen sich alle Passagiere von zwei Tagen an Weihnachten und wollen unbedingt noch nach Hause zu ihren Familien.

Juliane ist mit ihrer Mutter mitten in der chaotischen, drängelnden Menge und muß wohl mit dem Verfasser dieses Berichts in physischen Kontakt gekommen sein, denn der muß dringend Schauspieler und Techniker – geleitet von seiner Ehefrau – zu Dreharbeiten für seinen Spielfilm *Aguirre, der Zorn Gottes* an den Drehort im peruanischen Hochland bringen. Man wird den ganzen 23. Dezember lang hingehalten, das Flugzeug soll angeblich gleich zum Abflug bereit sein, in Minuten nur, eigentlich sei es schon fast in der Luft. Schließlich werden die Passagiere für den nächsten Tag, den 24., um 6 Uhr früh wieder zum Flughafen bestellt, aber die Maschine wird auch da noch immer repariert.

Julianes Mutter beschleicht ein ungutes Gefühl, denn die LANSA genießt den denkbar schlechtesten Ruf. Ein Sprichwort in Form eines Schüttelreims geht um, das besagt, daß die LANSA immer auf dem Bauch landet. Und das wird von erschreckenden Fakten belegt. In kurzem Abstand stürzen drei Maschinen der Linie hintereinander ab, der letzte Absturz ist das bis dahin schwerste Flugunglück in der Geschichte Perus. Die Maschine verfehlte aufgrund eines Fehlers der Piloten die Landepiste in Cuzco und raste in einen Berghang. Aus den Trümmern wurden 101 Tote geborgen, dazu ein schwerverletzter Copilot, der mit schweren Verbrennungen überleben wird. Es befanden sich also 102 Personen an Bord (spätere Berichte sprachen allerdings von nur 100), aber: Wie war das möglich, wo die maximale Auslastung der Maschine, Passagiere und Besatzung zusammen, nur 92 Personen hätte sein dürfen? Es müssen also zehn weitere Tickets unter der Hand verkauft worden sein, sozusagen Stehplätze im Gang. Zudem sprachen Zeitungsberichte davon, daß die Piloten über keine gültige Lizenz verfügten und die technische Wartung der Maschine von zuversichtlichen Männern durchgeführt wurde, die bis dahin nur Mopeds repariert hatten. Daraufhin wurde der Fluglinie von den Behörden die Lizenz entzogen, aber kraft eines peruanischen Wunders, ein wohlmeinender Begriff für Bestechung, nahm die LANSA wenige Monate später den Flugbetrieb wieder auf.

Juliane und ihre Mutter sind auf die sehr viel zuverlässigere Linie FAUCETT gebucht, aber im Stadtbüro der Fluggesellschaft heißt es auf einmal, es sei doch kein Platz mehr verfügbar. An Tagen wie Weihnachten machen das Mitarbeiter südamerikanischer Fluglinien häufig, um so freiwerdende Plätze für ein Aufgeld unter der Hand an verzweifelte Passagiere ohne Reservierung weiterzuverkaufen. Julianes Vater, der im Urwald auf seine Familie wartet, hat noch dringend davon abgeraten, LANSA auch nur in Erwägung zu ziehen, aber Juliane ist dieses Jahr besonders spät mit der Schule zu Ende. Zwei Tage vor Weihnachten erhielt sie aus der

Oben: Am Tag vor Weihnachten 1971 erhält Juliane ihr Zeugnis aus der Hand des Direktors der deutschsprachigen Alexander-von-Humboldt-Schule in Lima. Am nächsten Tag wird sie in einem ähnlichen Minikleid über dem Urwald abstürzen.

Unten: Am Tag vor dem Flugzeugunglück gab es noch einen Abschlußball in der Schule. Zu Julianes Leidwesen war ihr Partner viel zu groß und wirkte neben ihr wie ein Neandertaler.

Hand des Direktors der deutschsprachigen Alexander-von-Humboldt-Schule ihr Zeugnis. Juliane trägt auf dem Foto von dem Ereignis ein Minikleidchen; abstürzen wird sie jedoch mit einem anderen, bunteren, das sie heute noch aufbewahrt. Am Abend fand noch ein Abschlußball statt, und den wollte Juliane nicht versäumen. Sie trug ein bodenlanges Abendkleid und sah außergewöhnlich hübsch aus. Zu ihrem Leidwesen war der ihr zugeteilte Tanzpartner viel zu groß und wirkte wie ein Neandertaler.

Die drängelnden Passagiere von bereits vier ausgefallenen Flügen werden, nachdem der Abflug mehrmals verschoben wird, immer ungehaltener. Selbst wenn das Flugzeug fliegen sollte, wird es nur eine der beiden Inlandsstrecken absolvieren können. Wenn es fliegt, welche also? Nach Cuzco ins Hochland oder nach Pucallpa und Iquitos im Dschungel? Um elf Uhr am Vormittag kommt dann endlich eine Durchsage. Das Flugzeug ist repariert, aber der Flug nach Cuzco ist gestrichen, man wird nur in den Urwald fliegen. Unter den Glücklichen, die noch an Weihnachten nach Hause zu kommen glauben, bricht Jubel aus. Vierzig Minuten später, jenseits der Schneegipfel der Anden, bricht der Kontakt mit der Maschine ab. Sie verschwindet irgendwo über dem Urwald von den Radarschirmen. Die größte Rettungs- und Suchaktion in der Geschichte Perus wird anlaufen, die USA schicken sogar Flugzeuge mit speziellem Gerät zum Aufspüren von Metall, aber die Maschine bleibt verschollen. Über die Weihnachtsfeiertage hinweg, über Neujahr hinaus. Am 4. Januar des folgenden Jahres, nach zehn Tagen, wird die Suche als aussichtslos eingestellt. Erst als Juliane halbtot aus dem Urwald auftaucht, wird man die Absturzstelle finden. Den Rettungsmannschaften bietet sich ein makaber an Weihnachten erinnerndes Bild. Koffer sind in der Luft aufgeplatzt, und Kleider und Weihnachtsgeschenke hängen wie drapiert in den Ästen einiger Bäume, als wären sie für einen gewaltigen Lichterbaum als Dekoration angebracht worden. Zwischen den Geschenken hängen Teile von Leichen.

Am Lügenfluß

Der Yuyapichis ist von der Absturzstelle nur etwa 50 Kilometer Luftlinie entfernt. Der indianische Name des kleinen Flusses heißt übersetzt „Lügenfluß“, oder, genauer, „der Fluß, der vorgibt, der Pichis zu sein“, denn der Rio Pachitea hat einen größeren Zufluß, weiter stromauf gelegen, der Pichis heißt. Dort liegt die ökologische Station von Julianes Eltern, beide promovierte Biologen, die hier forschen. Der Vater hat die Station *Panguana* nach einem hier häufigen

Urwaldvogel benannt. In den Zeitungsberichten des Jahres 1971 mußte den Lesern der Begriff Ökologie erst erklärt werden, noch kaum jemand sprach darüber. Die Mutter Maria ist eine angesehene Ornithologin; sie hat im Naturhistorischen Museum in Lima die Abteilung Vögel aufgebaut und das bis heute gültige Standardwerk über die Vögel des Departamento Lima verfaßt. Der Vater Hans-Wilhelm stammt aus Pommern und träumte als junger Zoologe von Studien im tropischen Regenwald Südamerikas, aber 1947 gab es noch keine Reisepässe, keine Chance, in fremde Länder aufzubrechen. Er bewarb sich dennoch um eine Stelle an der Universität in Lima, die ihm auch überraschenderweise zugesagt wurde. Als er nach einer fast zweijährigen Odyssee schließlich dort eintraf, gab es den Posten längst nicht mehr, er hatte vermutlich auch nie existiert. Der junge Mann entwickelte eine fast unvorstellbare Zähigkeit, und etwas von der Knorrigkeit des Vaters hat Juliane wohl geerbt. Hans-Wilhelm Koepcke überschritt im Januar 1948 die Grenze nach Österreich und kämpfte sich im Schnee in der Nähe des Brenners heimlich nach Italien durch. Er marschierte meist nachts, wollte Palermo erreichen und dort ein Schiff nehmen. In Palermo griff ihn die Polizei auf und steckte ihn in ein Internierungslager, wo er Monate verbrachte, bis ihm der äußerst riskante Ausbruch gelang. Dann wanderte er heimlich bis Sizilien, fand aber auch dort kein Schiff. Man sagte ihm: Spanien. Und da kehrte er um und ging zu Fuß den ganzen Weg wieder zurück, schlug sich durch Südfrankreich, überquerte heimlich die Pyrenäen. Aber auch in Barcelona gab es keine Chance für ihn. Er wanderte auf Schleichwegen weiter, bis er die Südspitze Spaniens erreichte. In Cádiz, nach einigen fehlgeschlagenen Versuchen, schlich er sich an Bord eines Frachters, der Salz transportierte. Koepcke grub sich in die Salzladung ein und gelangte als blinder Passagier auf die

Julianes Eltern Dr. Maria Koepcke, Ornithologin, und Prof. Hans-Wilhelm Koepcke, Ökologe. Der Vater hatte sich nach dem Krieg als blinder Passagier auf einen Frachter eingeschmuggelt und war Tausende von Kilometern zu Fuß gegangen, bis er den peruanischen Urwald erreicht hatte.

Kanarischen Inseln. Dort fand er eine Passage nach Brasilien. Von Recife aus durchquerte er 4000 Kilometer weit den gesamten Kontinent, zum guten Teil zu Fuß, bis er im Amazonasurwald Perus ankam.

Die Eltern Koepcke bekommen 1954 ein Kind, Juliane, die schon ganz bald ihren eigenen Tukan und andere Vögel betreuen wird. Die Kleine liebt den Urwald, und die Eltern nehmen schließlich die 15jährige von der Schule und holen sie zum Yuyapichis, wo sie sie eineinhalb Jahre lang privat weiter unterrichten. Aber außer dem Schulstoff lernt Juliane auch das Leben im Urwald kennen und lieben. Sie lebt in einer Hütte, wie die Indianer sie bauen: ein Dach aus geflochtenen Palmblättern, der Fußboden aus *pona*, einer federnden Rinde, auf Stelzen zwei Meter über der Erde. Vor den Moskitos schützen Netze. Das ist alles. Sie wäscht sich im Fluß, in dem es auch Piranhas gibt, aber sie weiß, daß diese Fische nur in stehenden Gewässern, in toten Armen der Flüsse in großen, aggressiven Schwärmen vorkommen, sie weiß, daß Jaguare, Schlangen und Krokodile vor dem Menschen fliehen, daß all der Schrecken der Städter vor dem Urwald, der „Grünen Hölle", in dieser Hinsicht unbegründet ist.

Von früher Kindheit an hatte Juliane ihre eigenen Tiere. Besonders liebte sie einen Tukan.

Der Nachbar der Station *Panguana*, Carlos Achilles Vazquez Modena, der von allen nur El Moro, der Mohr, genannt wird und Juliane von Kind auf kennt, beklagt sich zornig über zwei Studenten aus Lima, Freunde seiner Tochter, die vor kurzem hier zu Besuch waren. Sie kamen in gefleckten Tarnanzügen aus der Designer-Boutique und hatten Pistolen dabei, um sich gegen die Jaguare verteidigen zu können. Nachdem sich aber kein Jaguar zeigte, traten sie am nächsten Morgen auf die Veranda hinaus, feuerten zumindest einige Schüsse in die Richtung der feige abwesenden Jaguare ab und fuhren verstimmt nach Lima zurück.

Juliane wird Zeugin eines Zwischenfalls, der ihr später geradezu wie ein Präzedenzfall den Weg weisen wird. Aus den USA, von der Universität in Berkeley, ist eine Expedition von Biologen bei den Koepckes zu Gast. Sie brechen in das etwa 50 Kilometer entfernte, fast unerforschte Siragebirge am Oberlauf des Yuyapichis auf. Dort schießt sich der Leiter der Expedition aus Versehen eine Schrotladung ins Bein, er muß dringend geborgen werden, aber da der Mann 2,05 Meter groß ist und zu schwer zum Tragen, wird ein junger Student losgeschickt, Hilfe zu holen. In kürzester

Juliane lebte eineinhalb Jahre lang auf der Urwaldstation *Panguana* am Lügenfluß. Ihre Eltern lehrten sie den Schulstoff, aber auch Kenntnisse des Dschungels, die sie später retten sollten.

Die Urwaldstation *Panguana* am Yuyapichis im peruanischen Regenwald. Heute findet man nur noch einige vermoderte Pfosten der Hütte. Der Urwald ringsum ist abgeholzt.

Zeit hat sich der junge Mann hoffnungslos im Urwald verirrt, aber er tut das einzig Richtige, einzig Rettende, was Juliane immer im Gedächtnis haften wird: Er sucht nach rinnendem Wasser, folgt ihm, bis er auf einen Bach stößt, der wiederum in einen größeren Bach mündet, und nach zwei Tagen und Nächten erreicht der Student im Yuyapichis watend die wissenschaftliche Station der Koepckes.

Zu ihren indirekten Rettern zählt Juliane auch stolz einen seltsamen Vogel, das Schopfhuhn, auch Zigeunerhuhn genannt, das hier am Lügenfluß häufig vorkommt. Das Huhn gilt nach zoologischen Kategorien als primitiv, es ist ganz offensichtlich der nächste noch lebende Verwandte des Urvogels Archeopterix, den wir nur aus Versteinerungen der Dinosaurier-Zeit kennen. Wie der Archeopterix haben die Jungen des Schopfhuhns Krallen an den Flügeln, und die brauchen sie auch dringend, denn die Eltern bauen im Geäst, meist über Flüsse hinausragend, schlampige, löchrige Nester, aus denen die Jungen häufig ins Wasser fallen und dann wieder ins Nest zurückklettern müssen. Schopfhühner wirken immer aufgeregt und scheinen sich unablässig voreinander verbeugen zu müssen. Juliane kann das sehr überzeugend vormachen. Entscheidend aber sind zwei Eigenschaften des Huhns: Es lebt ausschließlich in der Nähe von größeren Gewässern, und es hat einen äußerst eigenartigen Ruf, der eher wie ein Keuchen, ein schnarrendes Schnauben klingt, vollkommen uncharakteristisch für einen Vogel. Nach Tagen des Herumirrens im Urwald hört Juliane das ihr wohlbekannte Geschnaube und nimmt eine Abkürzung zum Rio Shebonya, der sie letztlich zu Menschen führen wird.

In einer Siedlung am Unterlauf des Shebonya findet Juliane die Treppe der *Lockheed Elektra*, die, im Urwald gefunden, wieder ihren Zweck erfüllt. Über sie schritten 91 Menschen in den Tod. „Auch ich bin über diese Treppe eingestiegen“, sagt Juliane, „ausgestiegen bin ich dann anders.“

Vom Sterben eines Paradieses

Juliane findet bei ihrer Rückkehr im Jahr 1998 die Station *Panguana* als eine Art Insel aus Urwald wieder, umgeben von Rodungen und Viehweiden, die sich immer weiter ausgebreitet haben. Schon auf der Fahrt entlang der Straße durch den Dschungel, der *Amazonasmarginale*, die es seit Mitte der 80er Jahre gibt, ist Juliane entsetzt zu sehen, wie links und rechts alles abgeholzt ist, wie die Feuer der Brandrodungen glimmen. Die Vögel sind verstummt. Über den Shebonya, den Fluß ihrer Rettung, gibt es jetzt eine Brücke aus rostigen Metallträgern, und am Ufer liegt eine kleine Siedlung, wo die Einwohner nachts um die Bar gedrängt im Fernsehen die tränenfeuchten Soap-Operas verfolgen. Bei einer der Holz- und Wellblechbuden führt eine Treppe auf die erhöhte Plattform der Wohnung hinauf; bei genauerem Hinschauen stellt sich heraus, daß die Treppe vom Flugzeugwrack der *Elektra* stammt. Ein Holzfäller hat sie vor Jahren aus dem Urwald mitgebracht. Die Treppe ist aus Aluminium und hat seitlich noch Teile der Hydraulik. Die Passagiere und Juliane sind damals über sie in das Flugzeug eingestiegen. „Ausgestiegen“, sagt Juliane, „bin ich anders.“

Das Territorium der Urwaldstation wird von Moro seit Jahren hartnäckig gegen alle Nachbarn verteidigt, die mit ihren Motorsägen unterwegs sind und nicht verstehen können, daß man wertvolles Edelholz einfach nur stehen lassen will. Juliane und ihr Vater schicken bis heute regelmäßig Geld, um die Bastion zu halten. Juliane verfällt nicht in den weinerlichen Ton, den man so häufig von Naturschützern hört, sie ist ganz sachlich, lakonisch, wenn sie aufzählt: Allein auf den zwei Kilometern im Quadrat, die die unberührte Urwaldstation groß ist, gibt es 500 Baumarten, ebenso viele Pflanzenarten, 400 Ameisenarten, 350 Vogelarten, 100 verschiedene Säugetiere, 50 Fledermausarten, etwa 280 bis 300 Arten von Tagschmetterlingen. Die Nachtfalter und Kleinschmetterlinge sind, bedauert Juliane, noch nicht untersucht, auch die Fische hat man noch nicht erfaßt. Es gibt indes 50 Froscharten und ebenso viele Reptilienarten. Ende der Aufzählung. Ringsum ist, außer Brandrodung, nichts mehr.

Die abendlichen Gespräche bei Moro, an dessen Elektrokabel, das die Glühbirne trägt, ein Urwaldvogel sein Nest gebaut hat, weil er weiß, daß er hier vor Feinden sicher ist, kreisen die Gespräche um eine Art „Betrüger"-Schmetterling, der sich durchaus nicht als Baumrinde oder ein Blatt tarnt, sondern sich ganz dreist die schockierend auffällige Zeichnung eines Schmetterlings einer gänzlich anderen Art angeeignet hat, weil diese Zeichnung den Freßfeinden, also den Vögeln, signalisiert, daß er giftig ist. Juliane läßt sich Zeit, indem sie erst den Tisch unter dem Vogelnest beiseite rückt, weil die Jungen noch aus dem Nest scheißen, als es jetzt um eine eher philosophische Frage geht, nämlich: Haben diese Schmetterlinge eine Art kognitiver Fähigkeit, also die Gabe der Erkenntnis, da ist ein anderer Schmetterling, der sich mit seiner Warnfärbung schützt, es wäre gut, sich sein Mäntelchen selbst umzuhängen. Wenn es möglich wäre, eine solche Erkenntnisfähigkeit experimentell nachzuweisen, indem man zwei parallele Futterplätze einrichtet, einen mit Schockfarben, einen ohne: Würde der Schmetterling die Schockfarben bevorzugen? Wie stellt es die Evolution an, solche Betrüger zu entwickeln, da unser Schmetterling ja über praktisch kein Gehirn, sondern nur ein System von Ganglien, also Nervenknoten verfügt?

Tagsüber sucht Juliane einen riesigen Urwaldbaum auf, der teilweise hohl ist und als Nistplatz für Fledermäuse, Skorpione und allerlei anderes Getier dient. Juliane hat hier über ein Jahr lang Material für ihre Doktorarbeit über die ökologische Einnischung von Fledermäusen gesammelt. Mit einer starken Lampe ausgerüstet, zwängt sie sich durch einen Spalt in das Innere des Baumes. Skorpione sind gerade keine da, aber ihre Fledermäuse findet sie wieder, die sie, die Köpfe nach unten hängend, verwundert anblicken. Ein Gedanke drängt sich auf: Hat nicht vielleicht Juliane nach ihrem Absturz eine Art Forscherblick auf sich selbst gerichtet, so wie man Fledermäuse in ihrem Verhalten studiert, hat sie möglicherweise die Fähigkeit, aus sich herauszutreten, um sich selbst und ihre Situation zu studieren und um so eine lebenserhaltende Strategie zu entwickeln? Juliane verwirft den Gedanken, sie habe fast wie in Trance gehandelt, schlafwandlerisch, ihre Gehirnerschütterung sei einfach zu stark gewesen, um analytisch denken und strategisch planen zu können.

Das Paradies ist auch von ganz anderer Seite her gefährdet worden. In den 80er Jahren baute hier die Terrororganisation „Tupac Amaru" ihre

Juliane besucht eine Kolonie von Fledermäusen in einem hohlen Baum bei *Panguana*. Hier hatte sie über ein Jahr lang Material für ihre Doktorarbeit gesammelt. Ihre Freunde waren noch da.

Schlupfwinkel auf und fing an, die gesamte Region zu kontrollieren. Moro mußte eine aufgezwungene Steuer bezahlen, und dann begann die Untergrundorganisation, die Bauern der Pflanzungen zu zwingen, Coca anzubauen. Mit dem Kokainhandel finanzierte man den Kauf von Waffen. Über lange Zeit herrschten hier die Untergrundkämpfer des „Tupac Amaru" wie eine Besatzungsarmee, sie holten sich Vieh von der Weide und töteten in den nahe gelegenen Dörfern Puerto Inca und Fundo Flor Leute, die sich widersetzten. Nach dem Sturm auf die japanische Botschaft, bei der alle Geiselnehmer des „Tupac Amaru" erschossen wurden, ist es am Yuyapichis wieder ruhig geworden, nachdem schon seit einigen Jahren die Aktivitäten der Terrororganisation immer mehr eingeschlafen waren. Ringsum in der Gegend sind die Cocafelder aber weiter in Betrieb, und das peruanische Militär hat hier eine hohe Präsenz. Auf hundert Kilometer Strecke entlang der Urwaldpiste gibt es drei größere Checkpoints, wo schwerbewaffnete Elitesoldaten, die zu keinen Scherzen aufgelegt sind, jedes Fahrzeug kontrollieren und jeden Namen registrieren. Ihre Unterkünfte sind mit Sandsäcken zu wahrhaften Festungen ausgebaut, und die Soldaten, die in ihren Maschinengewehrnestern herumlümmeln, wirken ebenso schläfrig wie gefährlich.

Die *Lockheed Elektra* flog von Lima aus über die Anden. Von dort fallen die Abhänge ins endlos weite Amazonasgebiet ab, wo es über Hunderte von Quadratkilometern keine Lichtung gibt. Und keine Möglichkeit, sich zu orientieren.

Flug ins Nichts

Zu den Dreharbeiten kommt Juliane Koepcke zusammen mit ihrem Ehemann per Flugzeug aus Deutschland nach Peru. Sie fliegt nicht gerne. Ihr Mann, der wie sie als Biologe arbeitet, ist indes einer von denen, die eine ungeheure Wärme und Sicherheit ausstrahlen, und Juliane ist froh, daß er mit dabei ist. Den Flug von Lima nach Pucallpa versucht sie zu vermeiden, es gäbe ja inzwischen eine Straße über die Anden hinweg in den Urwald, und Busse schafften diese Strecke, wenn es keine Erdrutsche oder Überflutungen gäbe, in etwa vierzig Stunden. Dann fliegt sie die Unglücksstrecke aber doch noch einmal, Reihe 19, Sitz F: wie damals der Fensterplatz über dem Flügel. Das Flugzeug ist diesmal eine Boeing, die von Aeroperu, der nationalen Fluglinie des Landes, betrieben wird. Die LANSA wurde nach dem Absturz 1971 ganz aufgelöst. Die Maschine des Linienflugs wird in Pucallpa landen und dann nach Iquitos weiterfliegen. Ja, sagt Juliane, sie habe ein zutiefst ungutes Gefühl, vor allem, wenn es Turbulenzen geben sollte.

Über der Küste und den dort aufragenden Sechstausendern der Anden ist es ruhig. Die Gletscher und Schneegipfel gleißen im Licht. Von dort fallen die Abhänge nach Osten zum endlos weiten Amazonasgebiet ab.

Der Urwald reicht bis in etwa 3000 Meter Höhe hinauf. Quellwolken werden sichtbar, sie stauen sich am Ostrand des Gebirges. Silberne Bänder von sich windenden Flüssen durchschneiden den Urwald, der von Horizont zu Horizont kein Ende nimmt. Bis zum Atlantik erstreckt sich über 4000 Kilometer nur dampfender Regenwald, in dem es nirgends eine Lichtung gibt, es sei denn dort, wo Menschen Bäume abgeholzt haben.

Derselbe Blick, dieselbe Flugroute wie damals vor 27 Jahren. Juliane sieht zum Fenster hinaus. Sie ist neugierig, aber etwas müde von den Einkäufen in der Stadt und dem Schulfest am Abend zuvor. Ihre Mutter sitzt neben ihr, sie hat den Mittelplatz. Am Gangplatz des restlos vollbesetzten Flugzeugs sitzt ein sehr übergewichtiger peruanischer Mann, der schwitzt und heftig schnauft und nach wenigen Minuten Flug in gleichmäßigen Zügen schnarcht. Er wacht auch nicht auf, als es über dem Urwald auf einmal turbulenter wird. Möglich, daß er sogar schlafend abgestürzt ist. Draußen wird es bedrohlich dunkel.

Die Piloten, die bereits den Sinkflug begonnen haben – der Flug nach Pucallpa dauert weniger als eine Stunde –, werden durchaus gewahr, daß sich vor ihnen eine gewaltige Gewitterfront aufbaut. Auf dem Tonband der später gefundenen Black box hört man sie von der Gefahr abgelenkt in banale Gespräche verwickelt. Sie reden von Weihnachten, den Kindern, und wie sie am schnellsten wieder zurückkommen könnten. Als sie die Gewitterfront sehen, entschließen sie sich, sie direkt zu durchfliegen. Sie scheint auch so ausgedehnt zu sein, daß ein Umfliegen einen sehr weiten Umweg bedeuten würde. Über dem Regenwald sind Gewitterzonen, auch dramatische, ziemlich alltäglich, aber die Piloten sind zu sehr von dem Gedanken an den Weihnachtsabend absorbiert, als daß sie sich im klaren wären, daß vor ihnen die schiere kochende Hölle brodelt.

Den Passagieren ist gerade auf einem häßlichen Plastiktablett ein feuchtes Sandwich serviert worden, dazu durchsichtiges Plastikbesteck. 27 Jahre später findet Juliane ein Stück eines dieser Tabletts in den Urwaldboden gesunken und ein Messer aus Plastik, das von dem damals servierten Imbiß stammt. Zum Essen kommt niemand so richtig. Es wirft die Maschine so heftig hin und her, daß sich die ersten der ungenießbaren Sandwiches selbständig machen. Sie fliegen in der Kabine herum. Die Passagiere um Juliane beginnen unruhig zu werden. Die Stewardessen in ihren Ponchos und mit ihren lächerlichen Hütchen, die schon in den 50er Jahren außer Mode kamen, werden nervös. Eine flüchtet sich schließlich ins Cockpit zu den beiden Piloten, weil sie sich dort sicherer wähnt. Sechzehn Tage später wird man ihren aufgeblähten Leichnam dort aus den Trümmern herausschweißen. Der dicke Schläfer am Gang schnarcht weiter. Juliane nimmt das noch wahr.

Es wird fast stockdunkel draußen, obwohl es hellichter Tag ist. Blitze züngeln ununterbrochen. Die Maschine wird wie von einer Riesenfaust geschüttelt. Erste Schreie der Passagiere. Gepäck hat sich aus den damals noch unversperrten Fächern gelöst und fliegt wie außer Rand und Band

Das Flugzeug hatte sich in 3000 Meter Höhe in seine Einzelteile zerlegt, und die waren auf einem Gebiet von 15 Quadratkilometern herabgeregnet. Das war auch der Grund, warum die riesige Suchaktion nach zehn Tagen erfolglos abgebrochen werden mußte.

geraten in der Kabine umher. Dazwischen Essenstabletts, Sandwiches, Pappbecher mit Cola. Die Passagiere werden wüst in ihren Gurten geschüttelt. Juliane hat Todesangst. Sie schaut zum Fenster hinaus und erkennt ein gleißendes, blendendes Licht. Sie weiß bis heute nicht, ob es eine Explosion oder ein Blitzeinschlag mit folgender Explosion war. Ein Motor brennt, der Flügel brennt. Von da an hat Juliane lückenhafte Erinnerungen. Die Maschine geht in Sturzflug über. Sie erinnert sich an das tiefe, gewaltige Brausen der überdrehenden Turbinen. Und daran, daß die Passagiere um sie schrien, wie am Spieß. Sie erinnert sich, wie ihre Mutter neben ihr aufschreit: „Jetzt ist alles aus." Dann zerlegt sich das Flugzeug in drei Kilometern Höhe in seine Einzelteile.

Juliane findet sich, wie von einem Keulenschlag getroffen, im Freien wieder. Sie setzt ohne Flugzeug, nur an ihre Sitzbank geschnallt, die Reise fort. Sie fliegt weiter, allein, einem gähnend leeren Horizont entgegen. Sie setzt ihren Flug ins Nichts fort. Vom Flugzeug ist nichts mehr da. Ihre Situation ist ihr für Momente absoluter Erkenntnis glasklar bewußt. Sie weiß, sie befindet sich außerhalb des Flugzeugs, *aber nicht sie hat das Flugzeug verlassen, sondern das Flugzeug sie*. Sie bekommt keine Luft. Der Gurt schneidet ihr so in den Leib, daß sie nicht atmen kann. Sie kann nicht schreien. Sie verliert das Bewußtsein.

Dann wacht sie nochmals auf. Diesmal kreiselt sie, das Gesicht nach unten, in der Luft und sieht durch Wolkenfetzen hindurch den Urwald, wie Brokkoli, der kreiselnd näher und näher auf sie zukommt. Dies ist ihre letzte Erinnerung.

In der Nähe des Rio Shebonya sind zu der Zeit drei indianische Holzfäller an der Arbeit. Marcio Ribeiro allerdings ist als einziger in dem tobenden Gewittersturm draußen, die beiden anderen, Nestor Arnasifuen und Beltran Paredes, haben in ihrer provisorischen Hütte Zuflucht gesucht. Marcio Ribeiro hat am Vortag um die breiten Wurzelrippen eines großen Baumes ein behelfsmäßiges Gerüst gebaut und beginnt von dort aus seine Arbeit mit der Axt. Am Vormittag türmt sich ein riesiges Gewitter um ihn auf, und bald rauscht sintflutartiger Regen auf ihn nieder. Blitze erhellen die einsetzende Düsternis. Donner kracht und rollt über dem Urwald, die Blitze werden immer greller. Marcio verläßt aus Stolz seinen Baum nicht, er ist so besonders schön, und er will nicht, daß eine Sturmbö den angeschlagenen Baum umreißt und ihn längs spaltet. Er hackt unverzagt weiter. Dann hört er einen gewaltigen Donner in der Ferne, und dieser Donner klingt anders. Marcio stutzt. Das war kein Donner, das klang wie eine gewaltige ferne Explosion. Fünf Minuten nachdem er diesen fremden Donner gehört hatte, und er sagt das noch heute mit tiefer Befriedigung, fiel dann endlich sein Baum. Das war kurz nach Mittag. Die beiden anderen, denen er in der Hütte von dem Geräusch erzählt, haben auch etwas wahrgenommen, messen dem aber keine Bedeutung bei. Eine Woche später ist Marcio Ribeiro in Puerto Inca, sieht dort Militär, Presseleute, Suchflugzeuge und erfährt von dem mysteriösen Absturz. Er nähert sich einem Capitan der Luftwaffe und erzählt ihm, was er gehört hat, aber zu dem Zeitpunkt sind die Suchmannschaften bereits von Dutzenden falscher Augenzeugenberichte entnervt. Einer will das Flugzeug sogar auf der Urwaldstraße nach Pucallpa notgelandet und nur leicht beschädigt gesehen haben. Wohl um Marcio zu testen, sagt ihm der Capitan auf den Kopf zu, daß er lüge, und das verunsichert den barfüßigen Indianer. Er kann das Geräusch nicht richtig beschreiben, und so unterbleibt eine genauere Nachforschung am Oberlauf des Shebonya. Tagelang haben Hubschrauber und Suchflugzeuge diese unbewohnte Gegend ohnedies überflogen, denn sie liegt nicht weit ab von der vorgeschriebenen Flugroute. Aber inzwischen hat man die Suche bis weit nach Brasilien hinein ausgedehnt, so weit jedenfalls, wie die verschollene *Lockheed Elektra* vollgetankt hätte geradeaus weiterfliegen können. Nochmals eine knappe Woche später wird es der in den Urwald zurückgekehrte Marcio sein, der Juliane in seiner Hütte findet.

Um die Absturzstelle, besser, das ausgedehnte Absturzgebiet nach 27 Jahren wiederzufinden, hat sich Marcio nach einer ersten abgebrochenen Expedition allein den Shebonya entlang auf den Weg gemacht. Es ist Anfang Juli, Trockenzeit, und der Fluß führt so wenig Wasser, daß man mit Einbäumen nicht weiterkommen kann. Zudem verhindern umgestürzte Baumriesen eine Passage. Marcio entschließt sich, die beschwerliche Reise zu Fuß zu machen, er rechnet mit etwa 15 Tagen Marsch. Nach wenigen Tagesetappen widerfährt ihm ein Unglück. Da der Urwald entlang dem

Juliane erschien der Indianer Ribeiro wie ein Engel, als er die zu Tode Erschöpfte fand. Marcio hatte sich für die Dreharbeiten auf die Suche nach dem Wrack gemacht und war dabei im seichten Wasser des Rio Shebonya auf einen giftigen Stachelrochen getreten und dabei fast ums Leben gekommen.

Shebonya so dicht verwachsen und undurchdringlich ist, watet er im seichten Wasser des Flusses, wissend, daß da eine Gefahr lauert. Es gibt hier viele giftige Stachelrochen, die Schlamm aufwirbeln und auf sich niedersetzen lassen. So sind sie im trüben Wasser praktisch unsichtbar, nur ihre Augen ragen aus dem Schlamm, und ganz offensichtlich halten sie sich auch für unsichtbar, denn sie fliehen nicht, selbst wenn man ihnen ganz nahe kommt. Sie starren einen nur unverwandt an und rühren sich nicht. Marcio trägt zur Sicherheit feste Gummistiefel. Er, der Erfahrenste von allen, der Jahrzehnte hier im Urwald gearbeitet hat, tritt aus Versehen auf einen Rochen, und der schlägt, ähnlich wie ein Skorpion, mit dem Schwanzende nach Marcios Fuß. So heftig, daß er den Gummistiefel glatt durchschlägt und ihn mit seinem Stachel in die Ferse trifft. Marcio sucht etwas flußab auf einer Sandbank Zuflucht, und dort liegt er hilflos drei Tage lang dem Tode nahe. Zufällig kommt ein Kanu vorbei, das mehrere Männer so weit den Fluß gegen alle Hindernisse hochgeschleppt haben, aber sie wollen den Sterbenden nicht mitnehmen, weil der kein Geld bei sich hat, um für die Passage zu zahlen. Marcio gibt den Leuten seine Schrotflinte, die er dabei hat, um sich etwas unterwegs zu jagen, als Pfand. Juliane wird das Gewehr einen Monat später bei der Brücke über den Shebonya auslösen und Marcio zurückbringen. Auch einen Monat nach dem giftigen Stich des Rochens ist Marcio noch in so schlechtem Zustand, daß er nicht allein gehen kann und getragen werden muß. Juliane ist nach ihrem Absturz tagelang im seichten Wasser des Shebonya gewatet, und die Rochen waren ihre größte ständige Bedrohung.

Allein im Urwald

Erst die vierte Expedition für die geplanten Dreharbeiten schlägt sich vom Oberlauf des Rio Sungaro, der auch in der Trockenzeit noch mit Einbäumen befahrbar ist, Richtung Rio Shebonya durch und findet schließlich das Gebiet mit den verstreuten Wrackteilen der *Elektra*. Die besten indianischen Waldarbeiter und *macheteros* („soy machetero", stellt sich der Härteste von ihnen statt mit seinem Namen vor, „ich bin der Mann mit dem Haumesser") hacken sich vorneweg einen Pfad durch Gestrüpp, Dornen und Lianenverhaue. Manchmal kommen sie in einer Stunde nur hundert Meter voran. Da es unterwegs zu wenig Wasser und keine richtigen Stellen für ein größeres Lager gibt, wird schon bald klar, daß es für ein Filmteam mit der gesamten technischen Ausrüstung nicht denkbar ist, hier zu Fuß durchzukommen. Der Marsch ist einfach zu hart. Man wird nochmals einige der Männer losschicken, die einen Landeplatz auf einer gut sichtbaren Geländeschulter freischlagen, so daß ein Hubschrauber landen kann. Dort soll Juliane abgesetzt werden. Diesmal wird sie sanft landen, und ein provisorisches Camp wird sie erwarten, das mitten in dem Gebiet der Wrackteile aufgebaut ist. Teile des Cockpits sind weniger als hundert Meter entfernt halb in den Dschungelboden versunken, zwei Turbinen in der Nähe dicht beieinander in zwei kleine Schluchten in den Boden gerast.

Irgendwo hier wacht das Schulmädchen Juliane Koepcke am Tag nach Heiligabend nach mehr als zwanzig Stunden aus ihrer tiefen Bewußtlosigkeit auf. Sie vermutet später, daß sie irgendwann kurz bei Bewußtsein gewesen sein muß, ohne daß sie das in ihrer Erinnerung hätte festmachen können, denn sie liegt, nicht mehr angeschnallt, längs der drei Sitze hingestreckt, das Gesicht diesen zugewandt. Die Lehnen formen eine Art Dach, aber sie ist von den Wolkenbrüchen vollkommen durchweicht. Ihr erstes Gefühl ist das tiefster Verlassenheit. Niemand ist da, weit und breit niemand. Sie ruft, aber es kommt keine Antwort. Nur die Frösche intensivieren ihr tausendstimmiges Konzert. Ihre Mutter ist nicht mehr da. Sie

Juliane bewahrt noch immer ihr Minikleid von ihrer Odyssee im Dschungel auf. Wie sie es als junges Mädchen so besonders chic hat finden können, daß sie es eigens an Weihnachten tragen wollte, will ihr heute nur schwer in den Kopf.

ist mit so endgültiger und grauenhafter Plötzlichkeit von ihrer Seite gerissen worden, daß Juliane es auch so viele Jahre später höflich, aber bestimmt ablehnt, darüber auch nur zu sprechen. Sie läßt nur knapp durchblicken, daß sie ihrer Mutter sehr nahegestanden hat.

Das Mädchen findet auch keine Spur von dem Flugzeug. Es ist nicht zu erkennen, aus welcher Richtung sie gekommen sein könnte; nirgends im Geäst gibt es auch nur einen geknickten Zweig oder ein abgerissenes Blatt. Wohin sie sich wenden soll, ist noch unergründlicher. Später hat Juliane oft darüber nachgedacht, wie es möglich sein konnte, einen freien Fall aus solcher Höhe zu überleben. Drei Erklärungsmodelle bieten sich an, möglich, daß es auch eine Kombination aller Faktoren war. Zum einen kommen manchmal innerhalb von Gewitterwolken Aufwinde von solch enormer Stärke vor, daß ein Mensch sogar nach oben gewirbelt werden kann. Es wäre denkbar, daß ein dramatischer Aufwind, ein Sturm nach oben, ihren Sturz erheblich verlangsamt hat. Zum anderen spricht ihre Wahrnehmung, den Urwald ihr entgegen kreiseln zu sehen, für einen Effekt, den man bei herabkreiselnden Ahornsamen beobachten kann. Da Juliane den Eckplatz am Fenster hatte, könnte sich die Dreierbank wie ein Ahornsamen gedreht haben. Drittens berichtet ein Mann der damaligen Bergungsmannschaft, der als *machetero* jetzt mit an der Unglücksstelle dabei ist, daß er damals Julianes Sitz gefunden habe, zweifelsfrei, denn dieser sei der einzige gewesen, bei dem ein Gurt geöffnet war. Dazu kam auch, daß er Julianes Füllfederhalter mit ihrem eingravierten Namen gleich dort fand. Juliane bekam ihren Füllfederhalter später zugestellt, und er war ihr lieb und wichtig, bis er ihr Jahre danach bei einem Taschendiebstahl auf offener Straße in Lima endgültig abhanden kam. Dort aber, wo ihr Sitz niedergegangen war, seien hohe Urwaldriesen mit ungewöhnlich dicht verwobenen Lianen gewesen. Auch das kann ihren Sturz abgebremst haben.

Das Gefühl der Verlassenheit wird bald zu etwas Unabänderlichem, Ausweglosem, als Juliane schon am zweiten Tag ihres Alleinseins Flugzeuge über sich hört. Sie überfliegen sie, kreisen. Sie ruft, sie winkt, aber sie weiß, niemand wird sie je unter dem dichten Blätterdach entdecken können. Eine Lichtung wäre die Rettung, aber über Hunderte Kilometer gibt es in dem unangetasteten Regenwald keine freie Stelle, und Juliane weiß das. Es gibt nur eine Chance: vorwärts, immer dem dünnen Wasserlauf folgen, irgendwann muß er in einen größeren Fluß münden. Moskitos und Fleischfliegen umschwirren sie in dichten Wolken, und sie ist in ihrem Minikleidchen wehrlos. Der Reißverschluß ist kaputtgegangen, ihr Rücken, das Gesicht, die Arme, die Beine werden gnadenlos zerstochen. Die Fleischfliegen legen ihre Eier in Julianes Wunden ab. Die bald geschlüpften Maden eröffnen, einem ihnen eigenen Tanz folgend, eine Art Disco in ihren klaffenden Fleischwunden. Als sie den Shebonya erreicht, trifft auch die Sonne auf ihren Hals und ihren Rücken und verbrennt ihre

Nur mit einer Machete und einem Feuerzeug ausgerüstet, könnte man monatelang im Dschungel überleben. Juliane bat Moises, einen der indianischen *macheteros*, eine bestimmte Liane durchzuhauen. Sie enthält reinstes Frischwasser.

Haut derart, daß sie zu bluten beginnt. Im Krankenhaus wird man Verbrennungen zweiten Grades feststellen.

Nachts sucht sich Juliane eine halbwegs geschützte Stelle, wo sie sich mit dem Rücken gegen einen Abhang oder einen Baum gelehnt ausruht. Sie sucht große Blätter, um sich vor den erbarmungslosen Insekten und dem immer wieder niederstürzenden Tropenregen zu schützen. Aber der Schutz ist nur äußerst unzureichend. Sie trinkt viel. Sie trinkt Regenwasser, sie trinkt das Wasser aus dem lehmigen Bach, dem sie folgt, und sie trinkt das schlammige Wasser des Rio Shebonya. Das wird ihr eine langwierige Hepatitis eintragen. Die gesamten Tage, die sie unterwegs ist, nimmt sie außer den wenigen Bonbons, die sie gefunden hat, keine Nahrung zu sich. Sie verspürt keinen Hunger, wird aber im Laufe der Tage immer schwächer. Hätte sie nur ein Haumesser und ein Feuerzeug bei sich gehabt, wäre es relativ einfach gewesen, eine noch viel längere Zeit im Urwald auszuhalten. Sie weiß von den Indianern, wie man sich in wenigen Minuten nur aus großen Palmwedeln einen regensicheren Unterstand bauen kann, wie man bestimmte Lianen durchschneidet und kristallklares Frischwasser aus ihnen trinken kann und wie man Nüsse eines häufig vorkommenden Riesenbaumes in der Asche eines Feuers rösten muß, damit sie genießbar werden. Sie schmecken sehr gut und sind äußerst nahrhaft. Eine schlanke Palmenart enthält, wenn man sie umhackt und in der Nähe ihrer Krone den weichen Stamm aufschält, einen weißen, zarten Kern, der in Restaurants als Palmenherzen-Salat auf der Speisekarte zu finden ist.

Als Juliane im Shebonya watete, stocherte sie immer mit einem Stock nach den hochgiftigen Stachelrochen. Jaguare, Schlangen, Piranhas und Krokodile existieren als Gefahr eher nur im Kino, da sie in Wirklichkeit vor Menschen fliehen.

Nach fünf, sechs Tagen werden die Flüge über ihr seltener und hören bald ganz auf. Juliane ist sich im klaren, daß hier niemand mehr sucht. Sie wird immer hoffnungsloser, vor allem wenn sie sich abends entschließt, sich irgendwo zu verkriechen. Wieder ist sie auf keine Spur von Menschen gestoßen, jeden Abend wird ihr das mit immer größerer Bestürzung bewußt. Wieder keine Pflanzung, keine Hütte, kein Boot. Als sie am fünften Tag den Rio Shebonya erreicht, sieht sie sofort, daß die Ufer dieses Flusses nicht bewohnt sein können, weil er nicht schiffbar ist. In der Tat ist der Fluß nicht breiter als acht, zehn Meter, seicht und schlammig, von Wurzelwerk und Geäst hineingestürzter Bäume immer wieder versperrt. Bei Regenfällen steigt der Wasserspiegel ganz rasch um Meter, und da ist es für Juliane etwas leichter, trotz ihres gebrochenen Schlüsselbeins zu schwimmen oder sich zumindest im Wasser treiben zu lassen. Die Lianenverhaue und Dornengestrüppe entlang dem Ufer sind zum Teil gänzlich undurchdringlich, und wenn sich Juliane im seichten Wasser vorwärtsbewegt, tut sie das ganz behutsam, immer mit einem Ast vor sich her nach Rochen stochernd, immer den einen noch beschuhten Fuß zuerst setzend.

Und dann kommt es immer wieder zu Begegnungen mit Krokodilen, die links und rechts von ihr auf kleinen Sandbänken in der Sonne dösen. Als Juliane auf sie zugetrieben kommt, stürzen sie sich in wildem Aufruhr ins Wasser geradewegs auf sie zu. Wasser spritzt auf, so heftig werfen sie sich in den Fluß. Jeder normale Mensch, sagt Juliane, wäre in Panik schreiend in den Wald geflüchtet und dort unweigerlich ums Leben gekommen, sie aber wußte, daß Krokodile (in diesem Fall Brillenkaimane) beim Anblick von Menschen immer fliehen, selbst wenn sie noch nie einen Menschen gesehen haben. Und sie wußte auch, daß Krokodile niemals in den Urwald fliehen, sondern immer ins Wasser und dort abtauchen, um sich zu verstecken. Juliane schwimmt ungerührt weiter. Ihr Wissen um den Dschungel rettet sie.

Für den unsäglich schlechten und dümmlichen Spielfilm über Juliane (*Endstation Wahnsinn: Der Dschungel kennt keine Gnade*) hat sie nur Abscheu und Hohn. Ständig erschreckt sich das Mädchen, das sie darstellt, und reißt vor Entsetzen den Mund auf, weil schon wieder ein beißlustiges Krokodil lauert, eine Boa constrictor sich schaurig ringelt oder eine Vogelspinne einfach nur irgendwo da ist. Die Tieraufnahmen sind ganz schamlos aus irgendwelchen Naturfilmen eingeschnitten. Juliane liebt es, die Szene nachzuspielen, wo die Film-Juliane mit ansehen muß, wie ein Jaguar ganz in der Nähe eine Affenmutter reißt und auffrißt. Das Affenbaby flüchtet sich in Film-Julianes Arme, und die beiden kuscheln sich die Nacht über verängstigt aneinander. Am Morgen muß das Affenbaby zu seiner Herde zurück, und Film-Juliane schluchzt hinter ihm her: „Laß mich nicht allein, laß mich nicht allein."

Im Laufe der Tage wird sie schwächer. Erscheinungen gaukeln ihr die Nähe von Menschen vor. Sie meint, Plantagen zu erkennen, und sie hört

Juliane kennt den Urwald und seine Gefahren. Dies hier ist eine harmlose Baumschlange, die der Nachbar El Moro für sie gefangen hatte. El Moro, der Mohr, trägt eigentlich den stolzen Namen Carlos Achilles Vazquez Modena.

ganz deutlich das Gackern von Hühnern, obwohl ihr irgendwie auch klar ist, daß sie in Wirklichkeit einen Vogel hört, dessen Stimme sie tief in ihrem fernen Gedächtnis nicht entdecken kann. Sie ruft auf spanisch: „Ist da jemand?" und wartet vergeblich auf Antwort. Die Enttäuschung macht sie noch schwächer, hoffnungsloser.

Rettung

Nach elf Tagen läßt sie sich gegen Abend auf einer kleinen Sandbank nieder. Nur halb bei Besinnung, weiß Juliane, daß dies seit Tagen der beste Lagerplatz ist, und legt sich hin. Irgend etwas hat sie gesehen, aber dieses Etwas will nicht richtig in ihren Kopf. Wie man ein Fernglas scharf stellt, versucht sie ihre Gedanken scharf zu stellen. Sie sieht etwas und nimmt es doch nicht wahr. Das erschöpft sie. Sie läßt sich wieder zurücksinken. Da, auf einmal, fährt etwas siedend durch sie. Liegt da nicht ein großes Krokodil direkt neben ihr im Sand? Sie fährt hoch und erkennt, daß das neben ihr, was sie die ganze Zeit gesehen hat, kein Krokodil ist, sondern ein Einbaum, ein Boot, auf den Sand hochgezogen, mit einer Vorrichtung für einen Außenbordmotor. Hellwach geworden, blickt sie um sich. Sie erkennt einen kleinen Pfad, der die Uferböschung hinaufführt. Sie rafft alle Energie zusammen, um die Böschung, die vielleicht nur drei Meter hoch ist, hochzuklettern. Sie hat keine Kraft mehr dazu. Schließlich, nach einer guten Stunde äußerster Anstrengung, überwindet sie das Hindernis. Sie findet eine provisorische Hütte. Darin ist nichts, außer dem in einer Plastikplane eingewickelten Bootsmotor.

Der Boden der Hütte ist ihr zu hart, alles in ihrem Körper schmerzt. Juliane nimmt die Plane an sich und verbringt die Nacht draußen im Sand, zum erstenmal vor Moskitos und Regen durch eine Plane geschützt. Das gibt ihr etwas Kraft. Am Morgen kriecht sie die Böschung wieder hoch und sucht vor einem einsetzenden Wolkenbruch Schutz in der Hütte. Sie liegt den Vormittag über darin und sieht Frösche um sich, und sie weiß, sie muß etwas essen, sonst stirbt sie an Entkräftung. Aber sie erkennt auch ganz deutlich, daß es sich hier um eine sehr giftige Art von Fröschen handelt, Pfeilgiftfröschen, deren Gift noch einige wenige Indianer bis heute zur Jagd benutzen. Würde sie einen dieser Frösche verschlingen, würde sie in ihrem geschwächten Zustand daran sterben, aber Erkenntnis und Willen sind nicht mehr aufeinander abstimmbar. Sie versucht verzweifelt, einen der Frösche zu fangen. Einer sitzt für einen Moment nur eine Handbreit von ihrem Gesicht entfernt am Boden, aber Juliane ist zu langsam, um ihn zu erwischen.

Sie muß etwas tun. Die Hütte ist unbenutzt, offensichtlich seit vielen Tagen, so daß sie hier keine Chance hat. Holzfäller und Jäger bauen sich solche Unterstände und sind dann oft wochenlang im Urwald unterwegs. Juliane weiß, daß sie hier verfaulen wird. Die Maden in ihren Wunden werden immer mehr und fressen sich tiefer. Sie versucht, sie mit ihrem Silberring, der wie eine Spirale um ihren Finger geschlungen

Dem Tode nahe, sah Juliane damals Pfeilgiftfrösche genau vor ihrem Gesicht. Es gelang der Geschwächten aber nicht, einen zu fangen. Sie wußte, sie würde an Entkräftung sterben, wenn sie nicht einen der Frösche aß, aber gleichzeitig wußte sie, daß das Gift des Tiers sie umbringen würde.

ist und den sie auseinanderwickelt, aus den Wunden zu holen. Aber das gelingt nicht. Sie hat ernsthafte Befürchtungen, bald an einer Blutvergiftung zu sterben. Sie muß weiter. Sie will weiter. Aber dann entschließt sie sich, doch noch zu bleiben, um das Ende des immer heftigeren Wolkenbruchs abzuwarten. Wäre sie weitergestolpert, hätte sie, wie sich später herausstellt, mindestens zwei Wochen lang keine menschliche Siedlung gefunden.

Am frühen Nachmittag glaubt sie Stimmen zu hören, die aus dem Wald kommen, und meint, wieder von einer Halluzination genarrt zu werden. Dann steht auf einmal ein Mann vor ihr, ein indianischer Holzfäller, Marcio Ribeiro. Er ist der erste. Für Juliane ist er in dem Moment so schön wie ein Engel. „Hola", sagt der Mann, „wer ist denn das hier?" Dann tritt ein zweiter Mann in die Hütte. Der dritte folgt eine halbe Stunde später.

Juliane hat rasch erzählt, was ihr widerfahren ist. Die Männer machen sich sofort an die Arbeit und tunken mit Lappen, die sie in Benzin getränkt haben, in Julianes Wunden. Sie holen so einen guten Teil der Maden aus ihr heraus. Einer kocht gleich eine Suppe, aber Juliane ist kaum in der Lage, einige Löffel hinunterzubekommen. Vom ersten Moment an ist die Unterhaltung vertraulich, als habe man sich von Kind auf gekannt, man lacht miteinander. Die Männer beschließen, die Nacht über noch in der Hütte zu bleiben. Sie müssen sich um Juliane kümmern und das Boot fahrbereit machen. Im Morgengrauen des nächsten Tages brechen sie auf, wickeln Juliane in ein Tuch gegen die Sonne und die Moskitos und manövrieren das Boot durch alle Untiefen. Am Nachmittag erreichen sie den Rio Pachitea und das Urwaldkaff Tournavista. Eine Krankenschwester versorgt Juliane während der nächsten zwei Stunden. Von dort fliegt man sie dann nach Pucallpa aus. Dort wird sie über viele Wochen hinweg gesundgepflegt. Ihr Vater, der hoffnungslos geworden nach Panguana zurückgekehrt war, wird mit einem kleinen Flugzeug nach Pucallpa gebracht. Das Treffen von Vater und Tochter verläuft fast wortlos, lakonisch. Beide sind zu überwältigt, um sprechen zu können.

Über versunkene Schiffe

Irgendwie hat sich in unserem kollektiven Bewußtsein ein Bild davon entwickelt, wie eine gesunkene spanische Galeone am Meeresgrund aussieht, mit ihrem von Muscheln überwachsenen Gerippe, den bronzenen Kanonen und den Goldmünzen und Perlen in der aufgeplatzten Schatztruhe. Wie aber ein Flugzeugwrack, das über Jahrzehnte in den Dschungel versunken ist, aussieht, davon gibt es keine etablierte Vorstellung.

Das erstaunlichste für Juliane ist, aus wie vielen Teilen und wieviel Innereien, die ein Passagier nie zu sehen bekommt, ein Flugzeug besteht.

Rechts: Erst bei dem größten Wrackteil durchfuhr Juliane die Erinnerung an ihren Schreckensflug. Alle anderen Trümmer hatte sie, wie zum Schutz innerlich erstarrt, aus dem Boden des Urwalds gezogen und von Laub und Lianen befreit.

Die Trümmer wirken, wenn man sie aus dem Boden zieht, ganz neu, weil das Aluminium nicht oxydiert und einige mechanische Teile aus rostfreiem Stahl gefertigt sind. Manche der Fragmente sind mehr als fünfzehn Meter groß, aber selbst wenn man nur wenige Schritte davon entfernt ist, sieht man sie nicht, weil sie die Gestalt des Urwalds angenommen haben. Der Dschungel hat mit seiner ungeheuren Gewalt des Wachstums, des Wucherns, der Unzucht der Pflanzen, des Würgens der Lianen, der Orchideenbrunst, sich alles zu eigen gemacht: Aluminium, Plastik, rostfreien Stahl, menschliche Leichen. Nur die Dümmsten und Stumpfsinnigsten nennen dieses Würgen, dieses Morden, diese Unzucht mit geheucheltem Frohmut in der Stimme Mutter Natur. Aus einem Schaltpult des Cockpits wachsen helle, zarte Farne. Entreißt man dieses Teil dem modrigen Boden, so haben die Hunderte elektrische Kabel gleichsam Wurzel geschlagen. Flügelteile sind mit faulendem Laub bedeckt und geben Schlinggewächsen Nahrung. Ein Fenster mit Umrahmung liegt zwischen Blättern und Rinde herum, als wäre es ein weiteres Stück Rinde; wischt man es aber ein wenig ab, so wird die Schrift SALIDA DE EMERGENCIA, Notausstieg, deutlich erkennbar, dazu die Instruktionen, wie man die Tür zu öffnen hat. Nur die

Notausstieg. 27 Jahre nach ihrem Absturz findet Juliane dieses Wrackteil gemeinsam mit dem indianischen *machetero* Juan.

Gummireifen der Landevorrichtung ragen schwarz und dick und fremd aus einem Stück des nach oben gekehrten Bauchs des Flugzeugs, das vom Dschungel kaum mehr unterscheidbar ist. Die Reifen sind aus so dickem, festem Gummi, daß sie nach fast dreißig Jahren noch nichts von ihrem Druck verloren haben.

Erst hier ereilt Juliane, die in den Resten ihres Unglücksflugzeugs gestochert hat, der Schock, daß sie hier in diesem Flugzeug geflogen war, daß sie ihre Mutter nie wiedergesehen hat, daß hier 91 Menschen den Tod gefunden haben. Es sind die Details, die sie bei ihrer Suche findet, die sie auf einmal an die Passagiere, die Menschen in der Maschine damals erinnern: der Absatz eines Damenschuhs, Lockenwickler aus rosa Plastik, der Metallrahmen eines Koffers, dessen Schlösser noch zugesperrt sind, der Stiel eines Löffels vom letzten ungenießbaren Imbiß an Bord, ein kleiner, bunter Geldbeutel aus Plastik, der einem Kind gehört haben muß. Er enthält zwei Münzen, die heute nicht mehr gültig sind.

Schwingen der Hoffnung

Man hatte, nachdem Juliane Koepcke lebend aufgetaucht war, gehofft, es könne noch andere Überlebende geben. Wie also ganz rasch an die Unglücksstelle herankommen, die Juliane ziemlich genau lokalisieren konnte? Ein Hubschrauber entdeckte schließlich ein Teil des Höhenleitwerks, aber mit einem Flugzeug landen wäre unmöglich gewesen, auch ein Hubschrauber konnte im Dschungel nirgends heruntergehen. Ein amerikanischer Pilot, Clyde Peters, der in einmotorigen Maschinen für eine Organisation von Missionaren flog, wollte unbedingt *bravado* zeigen und sprang mit dem Fallschirm über der Absturzstelle ab, um mit einer Motorsäge einen Landeplatz freizumachen. Seine Tat war ebenso edel wie dumm. Zuerst einmal verlor er bereits in der Luft die Motorsäge und fand sie dann nicht wieder, dann verstaute er sein Radio, ein Survival-Paket und seine Pistole, die er der Jaguare wegen dabeihaben zu müssen glaubte, bei dem größten Baumriesen der Umgebung und entfernte sich nur ein kleines Stück. Er verirrte sich schon nach wenigen Metern und fand seine Sachen nie wieder. Nachdem er vier Tage und Nächte im Urwald herumgeirrt war, fand eine der Suchmannschaften, die nach ihm den Dschungel durchkämmten, den Erschöpften. Er hatte es inzwischen auch fertiggebracht – wie, bleibt sein Rätsel –, Schuhe und Socken zu verlieren. Der Barfüßige wurde per Hubschrauber im Krankenhaus von Pucallpa abgeliefert.

Die ersten Mannschaften, die die Trümmer der *Elektra* erreichten, hatten sich mehrere Tage lang zu Fuß vom Rio Shebonya aus mit Macheten durch den Urwald geschlagen. Man hatte sie bis auf einige Tagesetappen Entfernung mit dem Hubschrauber auf eine Sandbank des Flusses herangebracht. Unumstößliche Tatsache ist, daß sie nur Tote fanden, die zum größten Teil schon fast verwest und von Ameisen und Geiern aufgefressen waren. Bis heute halten sich allerdings hartnäckige Gerüchte, man habe eine Frau in Unterwäsche direkt neben einem Bach gefunden, sie sei erst wenige Tage tot gewesen, müsse also zunächst überlebt haben. Und der schrecklichste aller Berichte besagt, die Rettungsmannschaften hätten sich in ein großes Teil der Passagierkabine von außen durchschweißen müssen, und innen habe man elf Tote gefunden, fast gänzlich verwest, aber mitten unter ihnen sei eine Frau gewesen, die höchstens ein, zwei

Der Rahmen eines Koffers an der Absturzstelle. Aus in der Luft geborstenen Koffern waren Weihnachtsgeschenke herabgeregnet und hatten Urwaldriesen zu makabren Weihnachtsbäumen dekoriert.

Stunden vorher gestorben sein könne, die also 16 Tage lang eingesperrt unter Verwesenden zugebracht haben müsse. Sie sei noch in ihrem Sitz festgeschnallt gewesen und habe den Kopf auf der heruntergeklappten Tischplatte liegen gehabt, und sie habe versucht, die Augen mit den Händen gegen Ameisen und Maden zu schützen. Dr. Juan Zaplana, dem damals als jungem Militärarzt die Aufgabe zufiel, die Suche und Bergung zu organisieren, weil am Weihnachtstag alle höherrangigen Offiziere bei ihren Familien auf Weihnachtsurlaub waren, war der erste, der mit einer Vorhut von indianischen Soldaten den Katastrophenort erreichte. Er schwört beim Haupte seiner Kinder, daß er nichts von all dem vorgefunden habe, wovon Jahre später noch gemunkelt wurde, und es klingt überzeugend, was er sagt. Es bleibt das dürre Faktum: 91 Tote und eine Überlebende.

Gleich beim Flugplatz von Pucallpa sieht sich Juliane mit einem Monument für die Toten konfrontiert, das aus einem weinenden Gipsengel besteht und einem, der einem Opfer mit hochgestrecktem Finger den Weg zum Himmel deutet. Etwa sechzig der Opfer sind hier in dem großen

Sockel beerdigt. Das Monument trägt eine Inschrift: ALAS DE ESPERANZA, Schwingen der Hoffnung, und es ist auch Julianes Monument, denn auf einer großen Scheibe aus Gips zwischen den Engeln ist das Relief eines abgestürzten Flugzeugs angebracht, dazu eine einfache Landkarte mit einer gestrichelten Linie von der Absturzstelle ausgehend den Shebonya-Fluß entlang. Eine Inschrift erläutert, daß dies die Route Julianes gewesen sei, die Route ihrer eigenen Rettung. Alle Namen der hier Beerdigten sind auf dem Monument eingraviert. Auf einmal bekommen die anderen Passagiere für Juliane Namen, und einige bekommen Gesichter, denn auf manchen der Grabkammern sind Fotos auf Emailletafeln angebracht: eine Schönheitskönigin, ein Kind, noch ein Kind, noch ein Kind, ein Marinekadett in Uniform, eine ältere Frau. Juliane schweigt, sagt nichts. Als wolle sie die lastende, für alle spürbare Stille irgendwie überbrücken, liest sie eine Inschrift auf der Seite des Monuments vor: *Brüder, wir waren vereint in der Sehnsucht, an Weihnachten den warmen, geheiligten Herd zu erreichen, indes: ein grausames Schicksal hat uns hier in ewiger Dunkelheit auf immer zusammengeführt.*

Dann ein Datum: 24. Dezember 1971 und ein Ort: Rio Shebonya.

Alas de Esperanza, Schwingen der Hoffnung. Das Monument für die Opfer der Katastrophe enthält auf einer Tafel einen Hinweis auf Juliane, die einzige Überlebende, und zeigt ihre Route von der Absturzstelle bis zu ihrer Rettung.

Das Drama in der Eiger-Nordwand

Wie Wasser fließen die Schneerutsche über die dunklen Felsen herab und verschwinden als weiße Flut in der Tiefe, die konturlos im Nichts zu enden scheint. Es ist kein beängstigendes Beben und Dröhnen, das die Lawinen begleitet. Vielmehr kündet ein sanftes Zischen die weiße Flut an, und ein verhaltenes, kaum wahrnehmbares Fauchen ist die Begleitmusik zu den Schneemassen, die über die zwei Bergsteiger herabstürzen und dabei die Felsen mit einer glatten, spröden Eisschicht überziehen, Griffe und Haken zudecken und alle Risse im Fels verschließen. Ein haltloser Abgrund, der erst 700 Meter tiefer bei den Almwiesen endet.

Kein Haken und kein Seil sichert die beiden Bergsteiger, die sich festgekrallt an winzigen Vorsprüngen eng an die Felswand drücken, um von den Lawinen nicht in die Tiefe mitgerissen zu werden. Sie sind noch sehr jung, 18 und 19 Jahre alt.

Zwei Schüler, die, von einer unglaublichen Begeisterung getrieben, seilfrei die berühmteste und gefährlichste Wand in den Alpen bezwingen wollten und die davon träumten, Berufskletterer zu werden, die ihr Geld mit Durchsteigungen der großen Wände der Welt verdienen. Ihr Traum war ein Leben mit und in den Bergen.

Doch ein Wettersturz, mitten in der Wand, zerstörte jäh ihre Wünsche und Hoffnungen. Nun wollen sie nur noch lebend dem Inferno entrinnen. Verzweifelt versucht einer mit dem Pickel die verhängnisvolle Eisschicht vom Fels zu schlagen. Aber alle Bemühungen sind umsonst. Der Schnee deckt jeden möglichen Griff sofort wieder zu. Sie sind gefangen in der Eiger-Nordwand, in einer 1800 Meter hohen, konkaven Mauer, aus der es kaum ein Entrinnen gibt, denn riesige, glatte Felsfluchten an beiden Seiten verhindern ein Herausqueren aus der Wand, und die niederstürzenden Massen aus Eis und Steinen verwehren ihnen den Abstieg zu den Almwiesen am Fuße des Berges.

Rechts: Die 1800 Meter hohe Eiger-Nordwand ist die berühmteste und berüchtigste Kletterwand in den Alpen. Die Namen der markantesten Stellen in der Routenbeschreibung sind eng verbunden mit den zahlreichen Tragödien, die sich in der Wand ereigneten.

Kleine Scheidegg, 4. August 1983

Nebelschwaden ziehen um die Zahnradbahn-Station Kleine Scheidegg im Berner Oberland in den Schweizer Alpen. Für einen kurzen Moment lichtet sich der graue Schleier. Schemenhaft tauchen aus dem Hintergrund

Gipfel
Mittellegigrat
Gipfeleisfeld
Corti-Biwak
Ausstiegsrisse
Spinne
Götterquergang
Rampeneisfeld
Brüchiger Riss
Brüchiges Band
Wasserfallkamin
Rampe
Drittes Eisfeld
Todesbiwak
Bügeleisen
Zweites Eisfeld
Eisschlauch
Erstes Eisfeld
Rote Fluh
Schwalbennest
Hinterstoisser-Quergang
Schwieriger Riss
Stollenloch
Zerschrundener Pfeiler
Erster Pfeiler
Einstieg

Gletscherbrüche, Firngrate und tiefverschneite Felspfeiler auf und scheinen für einen Augenblick wie eine lichtumflutete Vision einer anderen Welt über dem Erdboden zu schweben, dann verschließt ein Schneeflockenwirbel wieder den Vorhang. Von dem berühmten Alpenpanorama, das schon in der zweiten Hälfte des letzten Jahrhunderts Bergsteiger und Touristen auf die Kleine Scheidegg lockte, ist nichts zu sehen. Nirgendwo sonst wird bei schönem Wetter der Alpenwall in einer solchen Mächtigkeit und Geschlossenheit sichtbar wie hier – eine gigantische Mauer aus Fels und Eis und im Zentrum die unverwechselbare Silhouette von Jungfrau, Mönch und Eiger, der manchmal auch „Ogre“, der Menschenfresser, genannt wird.

Schon seit Tagen verdecken die Schneeschauer die berüchtigte Nordwand des Eigers. Niemand weiß und ahnt etwas von dem Drama, das – hinter der Wolkenbank verborgen – langsam einem Ende zutreibt.

Auch nicht der Bergfilmer Gerhard Baur, der die letzten Aufnahmen für eine Spieldokumentation über die dramatischen Erstbesteigungsversuche der Eigerwand abschließen will.

Originalschauplatz Eiger-Nordwand: 1983 drehte der Bergfilmer Gerhard Baur eine Spieldokumentation über die dramatische Besteigungsgeschichte der Wand.

Vor vier Tagen, am 1. August, hatte eine mächtige Gewitterfront die lang andauernde Schönwetterperiode abrupt beendet. In Minutenschnelle peitschten Sturmböen dunkle Wolken gegen die Wand, und ein Inferno aus Blitzen, Donner und Hagelschauern verwandelte sie in einen weißen, eisigen Abgrund.

Kameramann Baur möchte die völlig veränderte Wand von den Weiden am Wandfuß aus filmen. Doch der Nebel lichtet sich nicht. Da entdeckt er den ersten Stein eines schicksalhaften Mosaiks von Zufällen, das letztlich über Leben oder Tod zweier junger Menschen entscheiden wird: ein kleines, verlassenes Zelt, das, vom Sturm arg mitgenommen, am Boden liegt. Im Innern des Zeltes findet er zwischen zwei triefendnassen Schlafsäcken ein über und über bemaltes Federmäppchen mit dem Namenskürzel *T.B.* Einen weiteren Hinweis, wer die Zeltbewohner sind und wo sie sich aufhalten könnten, sieht er nicht. Vielleicht sind sie irgendwo auf einer der vielen Hütten im Berner Oberland, vielleicht sind sie unten im Tal und kommen nach einigen Tagen wieder, vielleicht aber kämpfen sie auch in der wolkenverhangenen Nordwand des Eigers?

Doch niemand hat in den letzten Schönwettertagen in der Wand etwas gesehen. Eine Besteigung ist heute keine Sensation mehr wie noch vor zwanzig oder dreißig Jahren, als jeder Schritt der Bergsteiger, jede Bewegung in der Wand von Schaulustigen beobachtet wurde und die Presse darauf wartete, um über das nächste Drama in der „Mordwand", wie die Eigerwand auch oft bezeichnet wurde, zu berichten.

Die Wand hat sich nicht verändert, ihre Tücken und Gefahren sind dieselben geblieben. Jedes Jahr aufs neue wird sie zum Schauplatz der Herausforderung von Mensch und Natur, und bei schlechtem Wetter finden die Dramen ohne Zuschauer hinter verschlossenem Nebelvorhang statt. Der Versuch, diesen fürchterlichen Abgrund zu überwinden, hat schon fünfzig Bergsteiger das Leben gekostet.

Warum hat die Eiger-Nordwand eine solch ungeheure Anziehungskraft? Nur wer die dramatische Geschichte dieser Wand kennt, versteht, warum kein anderer Berg der Welt soviel Echo ausgelöst hat wie der Eiger und warum sogar sechzig Jahre nach der Erstbesteigung der Mythos, der die Eigerwand umgibt, immer noch ungebrochen ist. Jeder, der einsteigt, muß zusätzlich zum 1800 Meter hohen Aufstieg über brüchigen Kalkfels und schwarzes Eis in seinem Innern eine furchterregende Mythologie überwinden.

Die Ersteigungsgeschichte der Wand war ein heroisches Drama in vielen Akten, aufgeführt in einem Freilichttheater, das in seiner Art einmalig auf der Welt ist. Die Nordwand als eine vertikale Bühne und die besten Zuschauerplätze am Wandfuß bei der Kleinen Scheidegg, einem alpinen Rummelplatz mit Hotel und Bahnhof. Zwei Zahnradbahnlinien befördern die Touristen von Grindelwald und Lauterbrunnen hinauf und weiter durch das Innere des Eigers in einem langen Tunnel zum Jungfraujoch in

Touristenattraktion und technische Sensation: 1912 wurde die Zahnradbahn aufs Jungfraujoch (3454 m) eröffnet. Der lange Tunnel führt durch die Felsen der Eiger-Nordwand. Beim Bau wurden Stollenausgänge freigelegt, durch die Touristen in die schaurige Tiefe blicken können.

3454 Meter Höhe. Von der Kleinen Scheidegg aus hat man die Wand genau im Blick. Nirgendwo sonst nämlich bietet sich Alpinvoyeuren eine solch bequeme Gelegenheit, die Strapazen und Leiden der Extrembergsteigerei aus derart großer Nähe zu verfolgen. Jeder Versuch, jede Tragödie konnte von einem großen Publikum live mitverfolgt werden. Doch jedes Schauspiel hat nur dann einen großen Erfolg, wenn das Stück, das aufgeführt wird, dramatisch und spannend bis zum Ende der Vorstellung bleibt. Und schon die erste Probe im Theater der Nordwand erregte großes Aufsehen in der Öffentlichkeit.

1935 wollen die zwei Münchner Kletterer Max Sedlmayr und Karl Mehringer die noch unbestiegene Wand erstmals bezwingen. Sie gilt als das letzte große ungelöste Problem in den Alpen. Noch kennt niemand die Wand. Man kennt nur ihr Gesicht, das sich ständig verändert. Ist es eine Eiswand, oder liegen die Schwierigkeiten in der Felskletterei? Mal zeigen sich dunkle, abweisende Felszonen, über die der Steinschlag herunterprasselt, dann, nach Sturm und Schnee, wandelt sich die Wand in eine eisüberzogene Wildnis.

Sedlmayr und Mehringer können nicht auf die Erfahrungen anderer bauen. Sie wissen noch nicht, was sie in der Eiger-Nordwand erwarten wird.

In der Fallinie des Gipfels steigen sie ein. Ihre Rucksäcke wiegen schwer. Sie haben für sechs Tage Proviant eingepackt. Das zeigt, daß sie sich auf ein großes, schwieriges Unternehmen eingestellt haben. Und das mit einer heute unvorstellbar einfachen Ausrüstung: Steigeisen ohne Frontzacken,

Hanfseile, die in der Kälte starr wie ein Drahtseil werden, selbstgeschmiedete Felshaken, Filzhüte gegen den Steinschlag und Lodenjanker, die im Sturm vereisen und wie ein schwerer Panzer jede Bewegung behindern.

Im unteren Teil der Wand kommen die beiden rasch voran. In 700 Meter Höhe biwakieren sie unter einer überhängenden Stufe, über die sie direkt zu den Eisfeldern in der Wandmitte aufsteigen wollen. Ein mutiges Unterfangen, denn sie müssen dabei den damals höchsten Schwierigkeitsgrad im Fels überwinden, den 6. Grad. Einen Tag lang kämpfen die beiden am glatten Fels, schlagen Haken und ziehen die schweren Rucksäcke hoch. Trotz aller Widrigkeiten gelingt es ihnen, das erste Eisfeld zu erreichen. Eine ungeheure Leistung. Doch sie sind in der 1800 Meter hohen Wand nur 100 Meter weitergekommen.

Die Zuschauer auf der Kleinen Scheidegg beobachten an den Ferngläsern genau jedes Detail beim Kampf mit den Naturgewalten in der vertikalen Arena aus Stein. Und die Schauspieler des alpinen Theaters steigen weiter auf. Von den einen werden sie als kühne Helden gefeiert, von den anderen als verrückte Selbstmörder diffamiert. Immer wieder sieht man, wie Sedlmayr und Mehringer die Rucksäcke über die Köpfe heben und Deckung suchen. In der Eiger-Nordwand ist der Steinschlag die größte Gefahr. Und die Route der beiden Kletterer führt über die gefährlichste Steinschlagzone der Wand.

Die ersten Toten der Eiger-Nordwand. 1935 versuchten die beiden Münchner Karl Mehringer und Max Sedlmayr als erste, die Wand zu bezwingen. Der Ort, an dem die beiden das letztemal gesehen wurden, heißt seitdem Todesbiwak.

Vielleicht ist das der Grund, warum sie nicht umkehren und abseilen, denn im unteren Teil ist das Risiko, getroffen zu werden, besonders groß. Die Zuschauer werden es nie erfahren. Am sechsten Tag der Aufführung schließt sich ein weißer, eisiger Vorhang. Es stürmt und schneit in der Wand. Der erste Versuch, die Wand zu ersteigen, endet auf erschütternde Art und Weise. Ein Jahr später wird Max Sedlmayrs Leiche am Wandfuß entdeckt, diejenige von Karl Mehringer bleibt irgendwo im Eis des Eigers zurück. Der Ort, an dem die beiden das letztemal gesehen wurden, heißt seitdem Todesbiwak.

Kleine Scheidegg, 5. August 1983, 8 Uhr

Immer noch ist die Eiger-Nordwand hinter Wolken versteckt, und der Zeltplatz am Wandfuß liegt verlassen und leer. Nochmals steigt Bergfilmer Gerhard Baur mit seinem Kameraassistenten Karl Bernegg zu dem kleinen Zelt auf. Vielleicht findet sich doch noch irgendein Anhaltspunkt, wer und wo die Zeltbewohner sind. Vielleicht sind alle Sorgen umsonst, und sie sind wegen des schlechten Wetters vorübergehend abgereist und kommen bald zurück?

Auf einer Schlafsackhülle finden Baur und Bernegg ein zweites Namenskürzel: *H.W.* Das ist alles. Sie kennen nur vier Buchstaben, T.B. und H.W., entdecken aber keinen weiteren Hinweis.

Die größte Gefahr in der Eiger-Nordwand ist der Steinschlag.

Da öffnet sich für einen Augenblick der Nebel, und fahlweiß, wie mit einem Leichentuch bedeckt, zeigt sich die Nordwand. Keine menschliche Bewegung, kein Leben ist zu erkennen. Wie Schleier fließt der Schnee über die Felsen herab, wird vom böigen Wind wieder hochgedrückt und um die Felskanten gewirbelt. Dann schließt sich der Vorhang wieder.

Seit fünf Tagen ist die Wand völlig verschneit. Kann jemand so lange dem Sturm widerstehen? Welch unglaubliche Willensleistung Menschen erbringen können, wenn sie auf der Schwelle zwischen Leben und Tod stehen, hat das zweite Drama in der Ersteigungsgeschichte der Nordwand gezeigt.

Es ist der 21. Juli 1936. Auf seinem Kontrollgang durch den Tunnel der Zahnradbahn auf das Jungfraujoch kommt der Streckenwärter Albert von

Allmen am Stollenausgang 3.8 vorbei. Beim Bau der Bahn hat man einige Stollen durch die Wand getrieben, um durch sie den Aushub zu befördern und in die Tiefe zu kippen. Der Stollen bei Kilometerlänge 3.8 liegt wenige Meter neben der Anstiegsroute am Ende des leichteren Wandvorbaues, dort, wo die eigentlichen Schwierigkeiten beginnen. Albert von Allmen weiß, daß seit dem 18. Juli vier Männer in der Eigerwand kämpfen, und er weiß auch, daß der zweite Versuch, die Wand zu bezwingen, gescheitert ist. 600 Meter unter dem Gipfel haben sie kehrtgemacht, weil sich einer von ihnen verletzt hatte. Schon seit vier Tagen beobachtet eine gaffende Menge an den Fernrohren der Kleinen Scheidegg jede Bewegung der Bergsteiger, die wie Gladiatoren in einer Arena der Öffentlichkeit ausgeliefert sind. Die beiden Österreicher Edi Rainer und Willy Angerer und die beiden Bayern Andreas Hinterstoisser und Toni Kurz hatten einen neuen, steinschlagsicheren Zustieg zu den Eisfeldern in der Wandmitte gefunden und waren schnell vorangekommen. Die Journalisten und Rundfunkreporter posaunten die Sensation in die Welt hinaus und spekulierten, ob die vier bei den Olympischen Spielen in Berlin eine Goldmedaille für die Durchsteigung der Eiger-Nordwand bekommen würden. Sie sind so hoch wie Sedlmayr und Mehringer im letzten Jahr gekommen, und was man in den vergangenen drei Tagen gesehen hat, gibt berechtigten Anlaß zu der Hoffnung, daß es diesmal ohne Katastrophe abgehen wird. Hinterstoisser und Kurz haben mit großer Bravour die äußerst schwierige Felspartie vor dem ersten Eisfeld gemeistert. Sie konnten die Schlüsselstelle der Wand, eine nicht kletterbare Platte, mit einem Seilquergang in wenigen Stunden meistern. Und sie haben sich gemeinsam zur Umkehr entschlossen, als Angerer durch einen Stein verletzt wurde. Hinterstoisser und Kurz hätten den Elan gehabt, weiter aufzusteigen.

Oben links: Der Berchtesgadener Bergsteiger Toni Kurz im Sommer 1936 vor seinem Zelt am Wandfuß. Die Geschichte seines Überlebenskampfes gehört zu den ergreifendsten Tragödien in der Geschichte des Alpinismus.

Oben Mitte: Andreas Hinterstoisser schaffte als erster die Schlüsselstelle der Wand, den nach ihm benannten Hinterstoisser-Quergang. Daß er das Quergangsseil wieder abzog, war ein schicksalsschwerer Fehler.

Oben rechts: Kein Berg ist so stark der Öffentlichkeit ausgesetzt wie der Eiger. 1936 beobachteten Zuschauer von der Kleinen Scheidegg aus den Verlauf der Tragödie in der Wand.

Doch dann hätte der Verletzte weniger Chancen gehabt, lebend aus der Wand zu kommen. Gemeinsam stiegen sie mit Angerer ab.

Albert von Allmen hat vier Liter Tee mitgebracht und hofft, daß die Bergsteiger jeden Moment auftauchen werden.

Der zähe und entschlossene Hinterstoisser führt die Gruppe an und sucht den weiteren Abstiegsweg, während sich die anderen um Angerer kümmern. In der Nacht ist das Wetter umgeschlagen. Die meteorologische Station auf dem Jungfraujoch meldet Windgeschwindigkeiten von über hundert Kilometern pro Stunde. Bald haben sie es geschafft. Wenn sie den Quergang hinter sich haben, ist die schlimmste Steinschlaggefahr vorüber, und sie müssen nur noch vier Seillängen bis zum Stollenloch abseilen. Doch der sichere Weg, den Hinterstoisser im Aufstieg gefunden hat, ist versperrt. Die Temperaturen sind gefallen, und das Regenwasser, das vorher die Felsen überspülte, ist zu einer dicken Eisschicht gefroren. Niemand kommt über den eisig verglasten Fels. Auch nicht Hinterstoisser, und er ist selbst schuld. Der Bergsteiger hat das Quergangsseil, mit

Mit einer unvorstellbar einfachen Ausrüstung wagten die ersten Bergsteiger die Bezwingung der Wand. Toni Kurz hatte noch Hanfseile, die in der Kälte starr wie ein Drahtseil wurden, und trug einen Filzhut gegen den Steinschlag. (Szenenfoto)

dem er die Stelle im Aufstieg meisterte und an dem die anderen sich über die ausgesetzte Platte hangelten, wieder abgezogen und damit das Tor für den sicheren Rückweg zugeschlagen.

Mit aller Kraft kämpft er gegen den Sturm. Auf der dünnen Eisschicht greifen die Zacken der Steigeisen nicht, er rutscht, nur der Pickel, der das Eis wenige Millimeter ritzt, hält gerade noch seinen Sturz. Verzweifelt fassen sie den verhängnisvollen Entschluß, gerade hinunter abzuseilen. Hat Hinterstoisser vergessen, wie überhängend diese Wandzone ist? Können sie im Sturm nicht sehen, daß es eine Falle ist? Meterweit vom Fels entfernt, hängen die Seile in der Luft.

Da ertönt aus dem Fauchen des Windes, im Donner der Lawinen und Poltern der Steine plötzlich eine menschliche Stimme. So nah ist die Rettung, das weckt neuen Mut. Es ist Albert von Allmen. Er steckt vor dem Stollenausgang eine Schaufel als Wegweiser in den Schnee, dann steigt er zurück in die Dunkelheit des Tunnels. Der Tee für die Bergsteiger ist längst erkaltet. Auf einem kleinen Benzinkocher wärmt er das kräftespendende Getränk wieder auf. Jeden Moment müssen sie dasein.

Doch die vier jungen Bergsteiger tauchen nicht auf. Ein böses Dröhnen, dumpfe, harte Schläge, so als würde eine riesige Faust auf den Fels schlagen, schrecken Albert von Allmen auf. Er springt an die Türe. Ein Sturzbach aus Eis, Schnee und Steinen braust über die Felswand herab. Und aus dem Höllenspektakel hört er verzweifelte Rufe: „Hilfe! Hilfe! Alle anderen sind tot. Nur ich lebe noch. Hilfe!"

Toni Kurz hat als einziger die Katastrophe überlebt. Wie sie sich abspielte, wird man nie genau wissen. Vielleicht so: Die Wucht der Lawine trifft Hinterstoisser beim Abseilen so stark, daß der Haken ausbricht und er zusammen mit den Seilen in die Tiefe stürzt. Angerer wird ins Seil geschleudert, er verfängt sich und wird von den Seilschlingen stranguliert. Der Ruck von Angerers Sturz reißt Rainer zum Haken. Das Gewicht schnürt ihm die Luft ab. Bewegungsunfähig und kaum in der Lage zu atmen, erstarrt Rainer im eisigen Sturm.

Die beiden Österreicher Ed Rainer und Willy Angerer 1936 auf der Kleinen Scheidegg. Als Angerer in der Wand durch einen Stein verletzt wurde, war das der Anfang einer dramatischen Leidensgeschichte.

Drei sind tot, nur noch Toni Kurz lebt. Über das Streckentelefon gibt Albert von Allmen Alarm. Aber wer und vor allem wie soll man einem Menschen helfen, der in einer Wand hängt, die noch nie durchstiegen wurde und in der alle, die es versuchten, umgekommen sind – bis auf Toni Kurz. Ein fast aussichtsloses Unterfangen, dieses junge Leben den entfesselten Elementen im letzten Moment noch zu entreißen. Und Albert von Allmen weiß auch, daß der Bergführerobmann Gottfried Bohren seine Bergführer von der Verpflichtung zur Hilfestellung in der Eiger-Nordwand entbunden hat. Sie sollen nicht „den Gefahren jener Akrobatik ausgesetzt sein, in die sich andere mutwillig begeben". Niemand ist zur Hilfe verpflichtet. Aber dort oben hängt ein Mensch, der allein keine Chance mehr hat und der verzweifelt darauf hofft, daß andere ihm helfen.

In der Station Eigergletscher erfahren die Bergführer Hans Schlunegger, Christian und Adolf Rubi und Arnold Glatthard von dem Unglück in der Wand. Sie überlegen nicht lange und steigen durch den Stollen in die vollkommen vereiste Wand.

Doch für Hilfe ist es heute zu spät, es dämmert bereits. Es ist unmöglich, in der Nacht in diese Wand einzusteigen, vor allem bei diesem Wetter.

Hoffnungslos hallt der Ruf durch den Nebel: „Hilfe! Ich kann nicht mehr. Helft mir doch!" Als die Türe des Stollens hinter den Bergführern zuschlägt, ist Toni Kurz allein. Ein Gefangener auf einer handbreiten Leiste über einem schauerlichen Abgrund, in den unentwegt die Lawinen stürzen.

Wie kann ein Mensch in einer solch trostlosen Lage, in der Kälte, im reißenden Sturm und bei ständiger Bedrohung durch Steinschlag, der Hoffnungslosigkeit widerstehen und die letzten Kräfte mobilisieren, die ihm noch verblieben sind? Eine Antwort kann nur derjenige geben, der lebend dem Inferno entkommen ist.

Vielleicht hat Toni Kurz an sein Zuhause bei Berchtesgaden gedacht? An das Haus seiner Großeltern, vor dem er oft auf seiner Ziehharmonika spielte? An die vielen schönen Erlebnisse in den Bergen? Oder an seine erste Liebe, Luise Briller, die Tochter des Schulmeisters vom Königssee? Niemand weiß es. „Keinem Tod das Leben schenken" – diesen Satz hat er an den Anfang seines Bergfahrtenbuchs geschrieben. Der Lebenswille von Toni Kurz ist fast übermenschlich groß.

Früh am Morgen fahren die Bergführer wieder zum Stollen 3.8. Der Sturm hat nachgelassen, und es herrscht Totenstille. Die Wand hat sich über Nacht in eine kristallene Festung verwandelt mit meterlangen Eiszapfen und einem Schild aus windgepreßtem Schnee.

Sie rufen hinauf. Glatthard wagt kaum zu atmen. Und dann zuckt er zusammen. Kaum wahrnehmbar kommt von oben eine Antwort aus der eisigen Wildnis. Unglaublich, welches Martyrium Toni Kurz in den letzten Tagen überstanden hat. Bis auf vierzig Meter kommen die Männer an ihn heran, dann verhindert ein riesiger Überhang jedes weitere Vorankommen. Es ist unmöglich, auch nur einen Meter höher zu klettern. „Kannst du ein Seil herunterlassen?" tönt es hinauf. „Nein! Hinterstoisser ist mit den Seilen abgestürzt." Die Führer sind ratlos. Sollte alles so nah vor dem glücklichen Ende noch scheitern?

„Schlag das Seil, an dem Angerer hängt, ab und dreh die Litzen auseinander." Das ist die Rettung. Lebensmut flammt auf, und Toni Kurz kämpft um jeden Millimeter. Seine linke Hand ist erfroren, mit den Zähnen hält er das Seil und zerrt Zentimeter um Zentimeter die verwobenen

„Es geht nicht! Ich kann nicht mehr“, waren seine letzten Worte. Nach vier Tagen und vier Nächten in der völlig vereisten Wand starb Toni Kurz 1936 im Seil hängend, nur noch drei Meter von seinen Rettern entfernt.

Litzen auseinander, drei Stunden lang. Er will mit dieser Schnur zurück ins Leben. Will damit Hammer, Haken und ein dickes Bergseil heraufziehen und an diesem Lebensstrang der Hölle entfliehen.

Endlich reicht die Rettungsschnur bis zu den Bergführern herab. Sie befestigen ein Seil. „Aufziehen!“ Und Toni Kurz zieht mit allerletzter Kraft. Die Bergführer beobachten, wie das Seil langsam nach oben geht. „Halt! Toni, das Seil ist zu Ende, wir binden noch eins dran.“ Endlich ist es geschafft. Toni Kurz hat ein richtiges Seil. Jetzt kann nichts mehr schiefgehen. Gespannt schauen die Bergführer hinauf. Ganz langsam kommt der Mensch, den fast alle schon aufgegeben hatten, über die Wand herab. Noch berühren die Steigeisen den Fels, dann hängt er frei in der Luft, vier Meter vom Fels entfernt.

Was für ein außergewöhnlicher Augenblick: nach solch überstandenen Qualen nur noch wenige Meter über den Rettern zu schweben. Immer näher kommt er den Bergführern. Sie machen ihm Mut. „Gut so, Toni, nur noch zehn Meter.“ Ein letztes Bemühen, dann hat Toni Kurz es geschafft. Plötzlich geht ein Ruck durch seinen Körper. Er hängt fest. Der Verbindungsknoten des zweiten Seiles geht nicht durch den Karabiner von Tonis Abseilsitz. Verzweifelt zerrt er am Seil.

„Toni, zieh dich am Seil hoch und entlaste den Knoten, dann kannst du den Karabiner umhängen." Bergführer Glatthard versucht so nah wie möglich heranzukommen. Doch Kurz hängt wegen des Überhangs weit weg von der Wand. Sein zermarterter Körper hat nicht mehr die Kraft, das Gewicht nur mit einem Arm nach oben zu ziehen.

„Es geht nicht! Ich kann nicht mehr", sind seine letzten Worte, dann kippt sein Körper kraftlos zusammen. Nach vier Tagen und vier Nächten in der Eiger-Nordwand stirbt Toni Kurz im Seil hängend, nur noch drei Meter von seinen Rettern entfernt.

Kleine Scheidegg, 5. August 1983, 14 Uhr

Es ist wärmer geworden, und der Nebel steigt langsam höher. Die Schneereste neben dem verlassenen Zelt werden immer kleiner, und leuchtendblaue Flockenblumen erheben, befreit von der Last, ihre Blüten. Ein ruhiger, eigenwilliger Platz zwischen zwei ganz unterschiedlichen Welten. Dort unten die unruhige Betriebsamkeit der Bahnstation mit den Reisenden und Touristen aus aller Welt und wenige Schritte entfernt, im Nebel verborgen, die Wand, die als Schrecken des Alpinismus in aller Welt berühmt ist.

Was ist das nur für eine Sehnsucht, die Bergsteiger immer wieder über die Schwelle, an den Rand des Abgrunds, treten läßt? „Keinem Tod das Leben schenken" hatte Toni Kurz als Leitmotiv an den Anfang seiner Bergerlebnisse gestellt. „Das Erlebnis. Nur das Erlebnis war der Grund", entgegnete Anderl Heckmair, als er 1938 erfolgreich vom Gipfel zurückkam. Zusammen mit seinem Freund Ludwig Vörg und den beiden Österreichern Heinrich Harrer und Fritz Kasparek war ihm die Erstbesteigung der Eiger-Nordwand gelungen. Ein Erlebnis, das ein unerwartetes Echo auslöste. Weltweit wurden die Bergsteiger bekannt und im Stil der damaligen Zeit als heroische Helden gefeiert. Ihr Ruhm wurde sogar von Adolf Hitler als Beispiel deutscher Überlegenheit für die Ziele der Nazis mißbraucht.

Von der Wand ist immer noch nichts zu sehen, nur vereinzelt tönt dumpf aus dem bleiernen Gewölk das Krachen des Steinschlags herüber. Sie erwacht, wenn am Nachmittag die Temperaturen steigen und der Schnee und die Steine zu rutschen beginnen. Dann wird es besonders gefährlich in der Eiger-Nordwand. Es ist unmöglich, bei solchen Verhältnissen einzusteigen und zu suchen, vor allem wenn man nicht einmal weiß, ob überhaupt jemand dort oben ist.

Für Kameramann Baur ist es der letzte Tag seiner Arbeit. Noch einmal steigt er am Nachmittag zum Zeltplatz hinauf. Es ist wie ein entferntes

Ahnen. Das leere Zelt, die nebelverhangene Wand, das bemalte Federmäppchen – jung müssen sie sein, wer würde sonst so ein Mäppchen mitschleppen? Jung, und auch verwegen und draufgängerisch? Vielleicht sind sie in den letzten Schönwettertagen, alles auf eine Karte setzend, kurz vor dem katastrophalen Wettersturz noch eingestiegen? Dann wären sie schon sechs Tage gefangen in der Wand. Eine Suche bei diesen Verhältnissen ist nur mit dem Helikopter machbar. Doch dann müßte sich der Nebel auflösen und gutes Wetter die Sicht ermöglichen.

Gerhard Baur hinterläßt einen Zettel im verlassenen Zelt. „Wir haben uns Sorgen gemacht. Bitte meldet Euch, wenn Ihr zurückkommt, bei der Polizei in Grindelwald."

Doch die Polizei, die auch für alpine Unfallmeldungen zuständig ist, kann nichts weiter tun. Niemand wird vermißt, und ohne nähere Anhaltspunkte kann in dem weitläufigen Gebiet des Berner Oberlandes keine Suchaktion begonnen werden. Der Polizeibeamte verspricht, bei dem Zelt wieder nachzuschauen und, sobald das Wetter es zuläßt, die Eiger-Nordwand abzusuchen.

Baur fährt am späten Nachmittag nach Deutschland zurück und bringt seinen Kameraassistenten Karl Bernegg nach Waltenhofen, das wenige Kilometer von Kempten entfernt liegt. Und wieder ist es ein schicksalhafter Zufall, der einem langsam zu Ende gehenden Drama im letzten Moment noch die rettende Wendung geben kann.

Bernegg trifft einen alten Bergfreund, und der hat wieder von anderen gehört, daß zwei junge Kemptener Bergsteiger die Eiger-Nordwand durch-

Nirgendwo sonst wird der Alpenwall in einer solchen Mächtigkeit und Geschlossenheit sichtbar wie von der Kleinen Scheidegg im Berner Oberland aus. Der Gipfel des Mönchs (rechts) ist 4100 Meter hoch, der des Eigers 3970 Meter.

steigen wollten. Sie heißen Thomas Burger und Holger Wendel. Vier Buchstaben, T.B. und H.W., waren der erste Stein. Am Abend des 5. August um 21 Uhr schließt sich das Mosaik. Der 18jährige Holger Wendel und der 19 Jahre alte Thomas Burger befinden sich höchstwahrscheinlich in der Eigerwand, die seit sechs Tagen wolkenverhangen und tiefverschneit ist.

Die Freunde benachrichtigen noch mitten in der Nacht die Bergrettung in Grindelwald. Bei einem Suchflug muß jedoch vorab die Übernahme der Kosten geklärt sein. Ohne zu zögern, gibt die Alpenvereinssektion Kempten sofort ihre Zusage.

Am nächsten Morgen kommt aus Grindelwald die enttäuschende Nachricht, daß wegen des immer noch anhaltend schlechten Wetters eine Suchaktion unmöglich sei. Damit schwindet wieder ein Funke Hoffnung. Auch für die Eltern von Thomas und Holger. Sie wußten von der begeisterten Bergsteigerpassion ihrer Kinder, aber den Plan, die Eiger-Nordwand zu bezwingen, kannten sie nicht. Und mit einem Schlag wurden sie mit der Ungewißheit konfrontiert, ob Holger und Thomas noch leben oder schon in der Wand gestorben sind.

Alles hängt jetzt allein vom Wetter ab, und mit jeder Minute wird die Chance auf ein glückliches Ende geringer. Wie lange können Holger und Thomas Sturm, Kälte, Lawinen, Steinschlag und dann der langsam aufkommenden Hoffnungslosigkeit widerstehen?

Hoch oben in der Eiger-Nordwand ist die Situation so aussichtslos, daß einer der beiden jungen Bergsteiger, Thomas Burger, die Hoffnung auf Rettung endgültig aufgegeben hat.

Da kauere ich nun seit Tagen auf diesem gottverdammten Felsvorsprung, und es wird mir plötzlich sehr bewußt, daß all der Kampf, die Leiden und Wunden, dieses Aufbäumen wieder und wieder umsonst waren. Du, Hol-

Seit Tagen verharren Thomas Burger und Holger Wendel auf einem Felsvorsprung am Zerschrundenen Pfeiler. Als Holger keine Reaktionen mehr zeigt, glaubt sein Freund, er sei gestorben.

ger, bist tot, hast dich nicht einmal verabschiedet, bist einfach weggestorben. Bisher haben wir doch auch alles gemeinsam überstanden. Hast mir meine Finger warmgerieben und ich dir die deinen, und du warst es, der immer noch an Rettung geglaubt hatte. Tu doch irgend etwas, sag, daß es nicht wahr ist, beweg einfach nur deine Augen oder einen Finger, gib mir ein Zeichen, daß du noch lebst! Was soll ich denn hier allein? Dein Körper hat aufgegeben, warum kann meiner nicht auch einfach aufhören zu leben? Wer soll uns jetzt noch finden? Wer soll uns überhaupt noch suchen? Oh Mann, ist das alles beschissen!

Alle werden sie sagen, wie konnten sie nur so jung in eine solche Wand steigen, ach, hätten sie doch … Die haben doch keine Ahnung, welchen Ehrgeiz du entwickelst, wenn du ein Extremer bist. Wenn du weißt, wie das ist, mit nichts als einem kleinen Rucksack Hunderte von Metern über der Erde am Fels zu kleben, und die Kraft spürst, dich nur mit deinen Händen und Füßen festhalten zu können. Das gibt dir ein Gefühl der Stärke, daß du das nie wieder aufgeben willst.

Thomas und Holger wollten schon immer Bergsteiger werden. Sie trainierten an einer alten Mauer in ihrer Heimatstadt, die bald zu niedrig wurde. Dahinter lag die Welt der großen Berge.

In der Schule haben sie dir jahrelang klargemacht, daß du ein Vollidiot bist, und Tag für Tag all ihr totes Wissen über dich abgeleitet. Wissen ist Macht, haben sie gepredigt, alles wissen, nur nichts erleben, lautete die Devise. Fernwissen, Fernhören, Fernsehen. Nein, das war nicht unsere Welt. Wir wollten alles aus erster Hand erfahren, direkt erleben, Wind und Wetter spüren, Kräfte ausloten, die Welt auf eigene Faust erkunden. Die Berge mit all ihren Gefahren und Herausforderungen waren unser selbstgewählter Lehrmeister. Dort lernten wir zu überleben, am Seil haben wir erfahren, was aufeinander vertrauen heißt, Entscheidungen treffen und dazu stehen, was es bedeutet, an seine Grenzen zu stoßen. Wir wollten heraus aus dieser braven Bürgerlichkeit, etwas Außergewöhnliches leisten. Erst haben wir in Kempten in eine alte Mauer Griffe hineingeschlagen und sind immer um sie herumgeklettert. Bald war die Mauer aber nur noch Trainingsgelände, überhaupt wurden die Mauern unserer Stadt viel zu niedrig, wir wollten wissen, was dahinter ist, etwas von draußen, von der Welt der großen Berge mitkriegen. Mit den Wänden wurden auch die Ansprüche größer. Unser Leben war durchdrungen von der Droge Berg und der Sucht nach immer wilderen, schwierigeren Klettertouren.

Und irgendwann fiel es dann, das Wort von der Wand der Wände, der Eiger-Nordwand. Ein Ziel, das am Wunschhorizont lockte wie die Sirenen die Seefahrer. Mein Gott, was haben wir über diese Wand alles gelesen. Gefressen haben wir jeden Satz, den Harrer in seiner *Weißen Spinne* dar-

Die Freunde vor der „Wand der Wände“. Da das Wetter gut ist, beschließen Holger und Thomas, nicht den nächsten Tag abzuwarten, sondern sofort in die Wand zu steigen.

über geschrieben hat. Der Mythos hat uns nicht abgeschreckt, Respekt hatten wir vor der Wand, aber keine Angst. So viele Bergsteiger haben dort ihr Leben gelassen. Wir wollten es sauber planen, schließlich waren wir keine Selbstmörder. Zahlreiche Touren mit und ohne Seil in immer schwierigerem Gelände hatten wir unternommen. Und dann war es soweit, wir standen unter unserer Wand. Trainingszustand, Ausrüstung, der Zustand der Route, das Wetter, alles paßte, und trotzdem haben wir Fehler gemacht, entscheidende Fehler.

Eigentlich wollten wir ja erst morgen in die Wand steigen, heute die Verhältnisse in Ruhe beobachten. Aber all die kamerabehängten Japaner hier auf der Kleinen Scheidegg hatten uns mit unseren riesigen Rucksäcken schnell als Nordwandaspiranten entlarvt und fielen über uns her wie die biblische Heuschreckenplage. Diese Hektik war unerträglich. Am Berg aber herrschte Ruhe, keine Wolke war zu sehen, warum also nicht noch heute nachmittag in die Wand steigen? Bis ins Schwalbennest, einen sicheren Biwakplatz etwa 800 Meter über dem Einstieg, sollten wir es noch schaffen, und dann könnten wir morgen bereits am frühen Nachmittag den Gipfel erreichen. Eigentlich sollten wir noch jemandem Bescheid sagen, aber wer geht schon so einfach in ein Hotel und sagt: „Hören Sie mal, wir machen jetzt die Eiger-Nordwand!“ Irgendwie wären wir uns seltsam dabei vorgekommen. Schnell war das Zelt aufgebaut, in dem wir eigentlich übernachten wollten, und die Überlegung in die Tat umgesetzt. In diesem Moment wußten wir noch nicht, wie sehr die nächsten Tage unser zukünftiges Leben verändern sollten.

Die ersten Meter stiegen wir mit schweren Rucksäcken in steilem, brüchigem Gelände empor. Wir hatten vor, wenn möglich eine seilfreie Begehung der Wand durchzuführen. Für den Notfall trug jedoch jeder von uns ein Seil im Rucksack. Es war eine eigenartige Stimmung, und plötzlich wurde die Stille von einem unheimlichen Zischen unterbrochen. Der Himmel verdunkelte sich. Dein Schrei fuhr mir durch Mark und Bein, beide gingen wir blitzschnell in Deckung. Im selben Moment zersprang ein tischgroßer Felsbrocken knapp neben uns in tausend Stücke. Du warst bleicher als das zweite Eisfeld, und mein Mund stand vor Schreck offen. So schnell könnte es vorbei sein, dachte ich noch, aber du bist einfach weitergestiegen. In dem leichten Gelände kamen wir zügig voran. Umkehren kam nicht in Frage, oder zumindest traute ich mich nicht, dir zu sagen, daß ich einfach nur Schiß hatte. Gestern hast du mir noch erzählt, daß es dir genauso ging. Ein paar Meter weiter haben wir dann diesen grauenhaften Fund gemacht. Da lag ein abgerissener Unterschenkel mit Bergschuh dran. Wir verzichteten auf eine genauere Untersuchung und stiegen fluchtartig weiter bis kurz vor das Stollenloch. Da hätten wir noch kehrtmachen können.

Unterhalb des Schwierigen Risses haben wir dann die beiden Schweizer getroffen. Einer von beiden hatte eine Hand mit einem dicken Verband umwickelt. „Steinschlag", sagte er nur. Dann haben sie uns ihre Routenskizze gegeben und uns viel Glück gewünscht. Wir begleiteten sie noch bis ans Stollenloch der berginneren Bahn und schlossen das Fenster. Weißt du noch, da haben wir das erstemal laut darüber nachgedacht, ob wir überhaupt weitersteigen sollen. Aber bis ins Schwalbennest zu klettern konnte doch kein Fehler sein.

Der Schwierige Riß, die anspruchsvollste Kletterstelle im unteren Wandteil, gestaltete sich ohne Seil als eine recht luftige Angelegenheit. Über den Hinterstoisser-Quergang stürzte ein Wasserfall. Was haben sich hier früher für Tragödien abgespielt. Jeder Schritt ist beladen vom Mythos der 30er Jahre. Allem voran die so unendlich tragische Geschichte von Toni Kurz, der hier 1936, nur drei lächerliche Meter von seinen Rettern entfernt, an Erschöpfung starb. Heute ist dieser Quergang ein Kinderspiel, es hängen bereits zahlreiche Fixseile, an denen man sich nur hinüberhangeln muß. Frisch geduscht waren wir somit auch.

Kurz nach dem Hinterstoisser-Quergang fällt plötzlich mein Seil aus dem Rucksack. Und du hast dich lauthals aufgeregt, warum ich nicht besser aufpassen konnte. Ohne das Halbseil war an ein Weitersteigen nicht zu denken. Und wäre dieses verdammte Seil nicht wenige Meter unter uns auf einem Felsvorsprung liegengeblieben, säßen wir jetzt irgendwo in einer Kneipe bei einem Glas Bier. Aber dann warfen wir uns, nach gerade einmal zweieinhalb Stunden Kletterzeit, ins Schwalbennest und schliefen in dieser lauen Nacht über den Lichtern von Grindelwald bald ein.

Der Schrecken folgte am nächsten Morgen. Beim ersten Morgengrauen wollten wir lossteigen, und wir hatten verpennt. Es war bereits halb acht!

Aber das Wetter war gut, keine Wolke am Himmel. Schnell waren wir uns einig, unser Weg ins Tal sollte über den Gipfel führen. Erstes Eisfeld und Eisschlauch waren so stark ausgeapert, daß sie sich im Fels überwinden ließen. Über der Steilstufe nach dem Eisschlauch eröffnete sich, einem gigantischen Amphitheater gleich, die grandiose Szenerie der Gipfelwand. Erst da wurde uns so richtig bewußt, welche Dimension diese endlose Mauer aus Eis und Fels hatte. Neben uns lag schwarzgrau das zweite Eisfeld – Blankeis. Die Steigeisen ungesichert in dem äußerst brüchigen Gestein anzulegen entpuppte sich als Balanceakt der Extraklasse. Um Zeit zu gewinnen, querten wir zunächst einige Meter über sprödes Eis, um es dann in Fallinie emporzusteigen. Auf dem oberen Rand balancierten wir entlang bis zum Beginn der wasserüberronnenen Felsen des Bügeleisens.

Du bist dann immer vierzig, fünfzig Meter vor mir bis zum Todesbiwak gestiegen. Sedlmayr und Mehringer waren die ersten, die sich 1935 in die Wand gewagt und dort wohl ein ähnliches Schicksal wie wir erlitten hatten. Das dritte Eisfeld war schnell überwunden, doch am Übergang zur Rampe wurde unser ungestümer Aufwärtsdrang jäh von aufquellenden Wolken unterbrochen. Mit einem Male schlug alle Euphorie, all die Ästhetik des gleichmäßigen Steigens in tiefe Bestürzung und Angst um. Wir waren in die Mausefalle getappt, über die wir schon so oft in der diversen Bergliteratur gelesen hatten – ein unmittelbar bevorstehender Wettersturz in der Eiger-Nordwand, und noch dazu am Beginn der Rampe, aus der es kaum ein Entkommen gibt. Nach oben zu schwer, nach unten zu lang und gefährlich. Das Auf-sich-selbst-gestellt-Sein schlug uns plötzlich wie ein Faustschlag ins Gesicht. Trotzdem konnten wir zu diesem Zeitpunkt noch nicht ahnen, wie schwer das Schicksal uns treffen sollte. Ohne Zögern machten wir uns an den Rückzug. Uns war klar, daß jeder Meter, den wir noch nach unten kämen, unsere Überlebenschance erhöhen würde. Der seilfreie Abstieg bis zum zweiten Eisfeld ging sehr rasch. Die Wolken wurden immer dichter.

Ein plötzlicher Wetterumsturz zwingt die beiden zum Rückzug. Und dann verliert Holger ein Steigeisen, das im Nebel des tausend Meter tiefen Abgrunds verschwindet.

Hastig legten wir die Steigeisen an. Nach wenigen Metern Querung auf dem oberen Rand des Eisfeldes hast du plötzlich geschrien, daß du ein Steigeisen verloren hast, und schon sprang das lebenswichtige Kletterutensil die Wand hinunter und verschwand im Nebel des tausend Meter tiefen Abgrunds.

Ich setzte eine Eisschraube und seilte auf eine winzige Felsinsel mitten im Eisfeld ab. Für dich würde es mit nur einem Steigeisen angenehmer sein, auf Fels zu stehen. Das Gestein war jedoch so brüchig, daß es mir nicht gelang, dort eine verläßliche Sicherung anzubringen. Kaum warst du dort angekommen, eröffnete ein ohrenbetäubender Knall die Hölle eines Frontgewitters. Dem losbrechenden Platzregen folgte Hagel. Blitze durchzuckten unsere Körper. Beide schrien wir aus Leibeskräften, um der Angst und den Schmerzen, die die Blitze verursachten, etwas entgegenzusetzen. Gewaltige Donner erschütterten die Wand. Bald folgte Steinschlag. Kleine Felsstücke schmetterten immer wieder auf uns nieder, und du hast überall geblutet. An Pickel und Steigeisen entstanden Elmsfeuer. Graupellawinen fegten über das Eisfeld. Alle paar Minuten mußten wir uns kurz von der Wand abdrücken, um nicht von den Graupelmassen in den Abgrund gerissen zu werden. An das Anbringen einer Sicherung war nicht zu denken. Wir konnten nur krampfhaft unsere Eisgeräte umklammern. Es ging ums nackte Überleben. Keiner war in der Lage, dem anderen zu helfen. Jeder kämpfte für sich. Die Abstände von Blitz und Donner wurden immer geringer. Plötzlich bekamen wir einen heftigen Schlag versetzt. Unsere Körper zuckten, wir waren völlig erledigt und hatten Schmerzen in Kopf und Gliedern. Das Gewitter hielt nun schon seit Stunden an, und beide hatten wir, von Krämpfen in Armen und Beinen geschüttelt, immer wieder kurz ans Loslassen gedacht.

Endlich ließ dieses höllische Unwetter etwas nach. Schneeregen setzte ein. Es wurde entsetzlich kalt. Wir waren naß bis auf die Knochen und zitterten am ganzen Leib.

Wir mußten weiter, aber an ein seilfreies Abklettern war bei diesen Verhältnissen nicht zu denken. So suchten wir verzweifelt nach einer kleinen Ritze, um einen Haken einzutreiben. Doch das Gestein war extrem brüchig. Bei jedem Schlag mit dem Hammer wurden die abwärts geschichteten Schuppen abgesprengt. Schließlich fanden wir einen einzigen etwas tieferen, waagerechten Riß. Aber alle Haken waren zu klein. Also

Im eiskalten Schneeregen haben Thomas und Holger endlich eine Ritze für den Haken zum Abseilen gefunden. Sie wissen, wie riskant dieses Unternehmen ist, aber sie haben keine andere Chance.

entschlossen wir uns, einen Haken in die Ritze zu legen und an diesem so abzuseilen, daß er sich bei Belastung nach oben verklemmte. Uns war bewußt, daß der sich Abseilende bei der geringsten Entlastung über tausend Meter in den Abgrund stürzen würde.

Es folgte die große Preisfrage: Wer seilt zuerst ab? Die Überlebenschancen wurden auf fünfzig zu fünfzig geschätzt. Wir beschlossen zu losen: Jeder holte blind einen Haken vom Klettergurt; wer den kürzeren zog, mußte zuerst hinunter. Ich verlor und machte mich sofort ans Abseilen. Du drücktest mit beiden Händen den Haken nach unten. Die dreißig Meter zum nächsten Band gestalteten sich zu einer Ewigkeit. Geschafft! Nun kamst du, mein Gott, was mußtest du für Ängste ausgestanden haben! Beide hatten wir uns wortlos tief in die Augen geschaut. Das Abziehen des Seils war dagegen recht einfach. Ein kurzer Ruck, und Seil, Haken und Karabiner fielen nach unten.

Es folgte eine sehr brüchige Querung am unteren Rand des zweiten Eisfeldes. Schneeregen. Dichter Nebel kam auf, und es begann zu dämmern. Wir beschlossen, in einer abfallenden Mulde, über die ein kleiner Bach rauschte, zu biwakieren. Der Schneeregen hielt an. Wir kauerten auf unserer Rettungsdecke, den Biwaksack über den Kopf gestülpt, und aßen eine Dose Thunfisch und eine Zitrone. Es war entsetzlich kalt und naß, wir zitterten und massierten uns gegenseitig Hände und Füße. Unsere Ersatzkleidung im Rucksack war ebenso naß wie die, die wir auf der Haut trugen. Irgendwann in der Nacht schnitt ich dann den Gummizug meiner Hose durch, damit das Wasser besser ablaufen konnte.

Plötzlich ertönte über uns ein heftiges Krachen und Poltern. Es hörte sich an, als ob der ganze Berg in sich zusammenfiele. Instinktiv klammerten wir uns eng aneinander und zogen die Rucksäcke über unsere Köpfe. Mit ohrenbetäubendem Lärm fegte eine Eis- und Steinlawine durch unseren Biwakplatz. Wir waren uns sicher, daß dies das Ende sein mußte. Ich kniff die Augen zu, krallte mich krampfhaft an deinem Anorak fest, alles Denken war ausgeschaltet. Du wurdest trotz Rucksack am Rücken getroffen und hast laut aufgeschrien. Gleich darauf wurde ich oberhalb des Knies verletzt. Letzte Steine sprangen vorbei, weit unten das Rauschen der Lawine, dann kehrte wieder gespenstische Ruhe ein. Welch Wunder, wir hatten überlebt.

Schnell kramte ich meine Stirnlampe hervor. Erschreckt stellten wir fest, daß man an meinem Knie bis auf den Knochen sehen konnte, überall Blut, auch deine Schulter verfärbte sich langsam tiefrot. Sofort suchten wir im völlig durchnäßten Rucksack nach Verbandsmaterial, aber die Lawine hatte es mit einem meiner beiden Steigeisen, dem Fotoapparat, Proviant und beiden Handschuhen gnadenlos mit in die nächtliche Tiefe gerissen. Zudem war der Biwaksack völlig zerrissen und von der Rettungsdecke fast nichts mehr übrig. Langsam setzten auch die Schmerzen ein, und ich bekam Fieber. Der Nebel lichtete sich etwas, und du hast mit

deiner Stirnlampe das alpine Notsignal gesendet.

Am nächsten Morgen dichtes Schneetreiben, Eiseskälte, keinerlei Sicht, alles ertrinkt im endlosen Weiß. Unsere tiefen Fleischwunden, vom Wasser aufgeweicht, sahen schrecklich aus. Ich konnte meine Hände kaum mehr spüren. Dann hast du mir deine Handschuhe angeboten. Welch eine Geste in dieser Situation! Wir beschlossen, sie jede volle Stunde zu tauschen. Am liebsten wären wir einfach hiergeblieben und hätten auf Hilfe gewartet. Doch wer sollte uns bei diesem Wetter zu Hilfe kommen? Wir trieben Haken für Haken in den Fels und seilten uns wie in Trance ab. Nur unser Überlebenswille hielt uns noch auf den Beinen. Kaum ein Wort haben wir gewechselt.

Aber dann konnte ich kaum glauben, was da wenige Meter von mir entfernt lag. Meine beiden Handschuhe, mehrere hundert Meter hatte die Lawine gestern nacht sie mitgerissen, und hier sind sie liegengeblieben, sauber nebeneinander, wie im Regal. Das erste gute Omen, seit wir diese Wand betreten hatten. Hoffnung keimte auf, das rettende Stollenloch bald zu erreichen. Aber das Abseilen wurde immer mühsamer. Die Seile waren zu Eisstangen gefroren und ließen sich kaum mehr lösen. Zu zweit hingen wir immer wieder am Seilende und zogen, so fest wir konnten. Immer wieder mußten wir ein Seilstück, das sich nicht mehr loseisen ließ, mit dem Eispickel abschlagen. Kurz oberhalb des Hinterstoisser-Quergangs waren von unseren hundert Metern Seil nurmehr zehn übrig. Einzig die Hoffnung, bald in Sicherheit zu sein, ließ uns ungesichert über den Hinterstoisser-Quergang bis zum Schwierigen Riß abklettern, der mit feuchtem Schnee bedeckt war. Ein letzter Haken, den Seilrest hängenlassen, noch ein Stück frei abklettern, und die letzte schwere Stelle war geschafft. Wir waren auf dem Band, der erlösenden Brücke zwischen der erbarmungslosen Härte der Naturgewalten und dem Stollenloch, dem Eingang zur rettenden berginneren Bahn. Kurze Glücksmomente, doch Nebel und Schnee ließen ein Band wie das andere aussehen, und wir irrten vergeblich in dieser riesigen Eiswüste umher, ohne die ersehnte Rettung zu erlangen. Irgendwann beschlossen wir dann, getrennt zu suchen. Aber das Stollenloch blieb unauffindbar. Und dann habe ich nach dir gerufen. Keine Antwort. Mehrere Versuche blieben erfolglos. Was war nur passiert? Hast du das Stollenloch gefunden, bist du etwa abgestürzt? Immer panischer habe ich nach dir geschrien. Tränen rollten mir die aufgeplatzten Wangen hinunter. Überall Felsbänder, Schnee und Kälte, aber keine Spur von dir. Immer wieder donnerten Lawinen durch die Wand. Doch dann bist du aus dem milchigen Nichts unversehens vor mir aufgetaucht. Mein Gott, was ist mir da für ein Stein vom Herzen gefallen.

Es dämmerte bereits, der Nebel hatte sich etwas gelichtet. Auf das Stollenloch verzichten und ganz absteigen war unsere erste Überlegung, aber in diesem Moment demonstrierte uns eine niederstürzende Lawine eindrucksvoll, was mit uns passieren würde, wenn wir es wagen sollten, den geneigten unteren Wandteil zu betreten. Ein weiteres Biwak schien unumgänglich. Wir setzten uns auf den Kopf des Zerschrundenen Pfeilers, weil sich über ihm die Lawinen teilten und wir dort vielleicht von ihnen verschont bleiben würden. Wir stülpten uns den völlig zerfetzten Biwaksack über die Köpfe und versuchten den Kocher anzuwerfen, um Schnee zu schmelzen. Aber weder die Zündhölzer in der angeblich wasserfesten Dose noch die Feuerzeuge spendeten die ersehnte Flamme. Jetzt erst, als die Anspannung langsam abfiel, spürten wir, wie restlos erschöpft wir waren. Alles war naß und kalt, entsetzlich kalt. Nur langsam wurde uns unsere hoffnungslose Lage bewußt. Konnten wir noch eine Nacht überleben?

Abwechselnd schickten wir mit unseren Stirnlampen das alpine Notsignal hinunter zu den Menschen in den warmen Häusern. Beide leckten wir dann noch das letzte Päckchen Zitronenpulver aus, massierten unsere Finger, und irgendwann in dieser Nacht sind wir dann eingeschlafen, obwohl wir genau das verhindern wollten.

In der Nacht hat es geschneit, mehr als einen halben Meter. Ich habe die ganze Nacht vor Kälte so sehr gezittert, daß mir jetzt die Zähne weh taten. Die Rucksäcke, die paar Haken, alles war unter der Schneedecke begraben, und es war so entsetzlich kalt. Die Hände und Füße waren bereits gefühllos. Unsere Körper hatten aufgehört zu zittern, zudem hat sich auf der völlig durchnäßten Kleidung eine Eisschicht gebildet. Weißt du noch, wie wir erschrocken sind, als ich vergeblich versucht hatte, mich zum Pinkeln aufzurappeln? Mein Körper wollte mir einfach nicht mehr gehorchen. Dein Versuch blieb ebenso hoffnungslos in Resignation stecken. Zu geschwächt, zu ausgezehrt und unterkühlt, an den Händen nur noch auf-

Links: „Wir trieben Haken für Haken in den Fels und seilten uns wie in Trance ab. Nur unser Überlebenswille hielt uns noch auf den Beinen. Kaum ein Wort haben wir gewechselt."

geschwemmte weiße Hautfetzen, zu viele Wunden, um auch nur ein Bein vor das andere zu setzen. Unser körperlicher Kampf war beendet. Wir mußten einsehen, daß wir die Wand aus eigener Kraft nicht mehr verlassen konnten.

Aber wer sollte uns suchen? Wir konnten doch nicht einfach so sterben. Doch irgendwie hatte ich auch diese Gewißheit in mir, daß wir diese Hölle lebend verlassen würden. Immer wieder haben wir geschrien. Erst nach Hilfe, dann haben wir sie alle beschimpft, die da unten im Warmen saßen, obwohl die doch wirklich nichts dafür konnten, daß es uns dort oben so dreckig ging.

Doch was nun geschah, riß uns aus unserer Lethargie. Beide waren wir mit einem Schlag hellwach, rissen den Biwaksack vom Kopf und winkten und schrien aus Leibeskräften. Da oben war doch tatsächlich das Brummen eines Flugzeugs zu hören. Die suchen uns! Und da war auch ein blaues Flugzeug. Mit allem, was wir hatten, haben wir gewunken, aber die Motorengeräusche verstummten, und diese unerträgliche Ruhe legte sich wieder über die Wand. Sie hatten uns nicht gesehen, sie konnten uns auch nicht helfen.

Wenn nur dieser entsetzliche Hunger und Durst nicht gewesen wäre. Aber wir hatten nichts mehr, und der Schnee, den wir aßen, verursachte grauenhafte Bauchkrämpfe. Und dann hatte ich eine Idee: Es mußte doch möglich sein, diese Streichholzköpfe mit der Wärme der Stirnlampe zu trocknen, und ich legte einige Streichhölzer zwischen Glühbirne und Glas. Aber diese verdammten Zündköpfe tropften einfach ab und lagen wie Blutreste als roter Brei in der Lampe. In einem Wutanfall schmiß ich den Kocher samt Gaskartusche in hohem Bogen die Wand hinunter.

Es hörte auf zu schneien, und für einen ganz kurzen Augenblick zeigte sich die Kleine Scheidegg. Beide brüllten wir wieder aus Leibeskräften. Es wurde dunkel. Deine Stirnlampe hatte bereits den Geist aufgegeben. Mit meiner sendete ich das alpine Notsignal, bis auch sie sich verabschiedete. Wir hatten so große Angst, diese Nacht nicht zu überleben, daß wir beschlossen, uns gegenseitig wach zu halten, denn Schlaf würde unsere Körpertemperatur noch mehr absinken lassen. Immer wieder massierten wir die mittlerweile erfrorenen Hände, an die Füße kamen wir nicht mehr ran. Sie hingen unten aus dem Biwaksack hervor wie zwei gefrorene, leblose Klumpen.

Unsere Uhren waren stehengeblieben. Mehrmals versuchten wir auszurechnen, wie lange wir schon in der Wand waren, fünf Tage, sechs Tage, es war auch einerlei. Ein Tag konnte ein Jahr sein, die Dimension der Zeit hatte hier ihre Bedeutung verloren. Unter dem roten Biwaksack unterscheidet sich die Nacht nur wenig vom Tag.

Wieder und wieder wand sich ein neuer Tag aus der Eiseskälte, wir klopften die dünne Eisschicht, die sich in der Nacht auf unserer nassen Kleidung gebildet hatte, ab, und wir lebten und lebten und konnten es nicht glauben. Gebete, Wutausbrüche, maßlose Euphorie und völlige Resignation wechselten sich ständig ab.

Und immer wieder Erinnerungen an die Familie, Freunde, manchmal glasklare Bilder und dann wieder verschwommene, ineinander geschachtelte, diffuse Fetzen. Wir waren nicht mehr in der Lage, klar zu denken. Ich hatte schon lange keinen Hunger mehr, aber plötzlich öffnete sich die Sicht hinunter auf die Kleine Scheidegg, und da saßen die Leute und aßen vermutlich die feinsten Sachen. Wir schwärmten uns gegenseitig von unseren Leibspeisen vor und nahmen erst jetzt wahr, daß ich bereits den Daumen meines Schafwollhandschuhes gegessen hatte und du einen Lippenfettstift.

Gedanken an all die wilden Touren, die wir schon zusammen unternommen hatten, unsere Zeit als Skilehrer, meine Gitarrenschüler in Kempten. Was wollten wir nicht alles tun, falls wir lebend aus dieser Wand herauskämen. Gedanken an liebe Menschen zu Hause. Schwache Erinnerungen aus meiner Kindheit stiegen empor und liefen im Zeitraffer vor mir ab. Ich mochte sie nicht haben. Ich hatte immer wieder davon ge-

Während die Freunde halb erfroren in ihrem Notbiwak sitzen, tauchen Erinnerungen an früher auf. An frühere Bergtouren, an den Traum, Berufskletterer zu werden.

„Unser Leben war durchdrungen von der Droge Berg und der Sucht nach immer wilderen, schwierigeren Klettertouren", erzählt Thomas Burger. Jetzt war der Berg zur Falle geworden.

lesen, daß kurz bevor man stirbt, das Leben noch einmal vor einem als Film abläuft. Ich wollte nicht sterben, und deshalb habe ich versucht, diese Erinnerungen zu vertreiben. Ich war so froh, daß unsere Eltern sich vermutlich keine Sorgen machten. Wir hatten gesagt, daß wir vier Wochen lang in die Westalpen fahren wollten, und wir waren ja erst einige Tage unterwegs. Meine Eltern haben es nie gern gesehen, wenn ich in den Bergen unterwegs war.

Und immer wieder haben wir übers Sterben und das Leben nach dem Tod geredet. Sogar über Gott haben wir gesprochen und über die Kirche, obwohl wir damit nur wenig am Hut hatten. Du hattest dir einmal vorgestellt, wie es wäre, wenn wir auf unserer eigenen Beerdigung zusehen könnten. In den ersten Tagen, als die Schmerzen teilweise unerträglich waren, hatten wir auch den Freitod in Erwägung gezogen, einfach hinun-

tersprinngen und dem Ganzen selbst ein Ende setzen. Hätten wir's doch bloß getan! Jetzt ist es sinnlos. Es tut nichts mehr weh, ich fühle mich nur träge und leer.

Weißt du noch, wie du ausgerastet bist, als ich dir mitten in der Nacht immer wieder von meinem Traumbild erzählt habe? Ein Haus in einer Winterlandschaft mit hell beleuchteten Räumen und wohliger Wärme darin. Ich wollte einfach dorthin losmarschieren, ich hatte dieses Haus so klar vor mir gesehen. Du hast mich immer wieder zurückgehalten. Und auf einmal kamst du mit der gleichen Geschichte an, und ich mußte dich zurückhalten. Wir wären haltlos in die gähnende Tiefe gestürzt, hätten wir die Vision auch nur ein einziges Mal gleichzeitig erlebt.

Und dann wurdest du von Stunde zu Stunde apathischer. Hast nicht mehr reagiert. Und dann habe ich dich angeschrien. Plötzlich trat das

Das Notbiwak am Zerschrundenen Pfeiler, wo Holger Wendel und Thomas Burger sieben Tage auf Rettung warteten. Ein Rettungshelfer des Hubschraubers sah die beiden nur, weil Thomas mit letzter Kraft den linken Arm hob.

Weiße in deinen Augen hervor, und dein Kopf fiel nach hinten. Ich wollte so gerne weinen, aber es gelang mir nicht. Die letzten Tage waren zu viel.

Und dann, als du leblos neben mir lagst, konnte ich mich plötzlich mit dem Sterben, dem Tod auf eine sehr nüchterne, natürliche Weise auseinandersetzen. Das Sterben erschien als unausweichliche Konsequenz, die ich erwartete, erdulden und hinnehmen würde, ebenso wie die nicht mehr fühlbare Kälte, die meine Glieder erfroren, meinen Körper unterkühlt und meine Gedanken gelähmt hat. Alle Hoffnung wurde zugedeckt und bewußtlos vergraben in Ahnungslosigkeit und Traum.

Doch plötzlich hörte ich Geräusche über mir. Und was ich da sah, konnte ich nicht glauben, das überstieg meine kühnsten Vorstellungen. Direkt über mir kreiste ein roter Hubschrauber. Ich wollte winken. Meine Arme waren aber so steif, daß es mir nicht gelingen wollte. Der Hubschrauber flog wieder aus der Wand. Ihr müßt mich doch gesehen haben! Wieder kam er in die Wand, aber viel weiter oben, etwa auf der Höhe des zweiten Eisfeldes. Auch diesmal drehte er wieder ab. Ich nahm alle Kräfte zusammen und schaffte es, einmal meinen linken Arm zu heben. Später berichteten mir die Retter, daß sie mich zuvor nicht gesehen hatten und gerade wieder aus der Wand fliegen wollten. Erst durch die Bewegung des Armes wurde ein Rettungshelfer auf mich aufmerksam.

Thomas Burger kurz nach der Rettung im Hubschrauber.

Und dann ging alles rasend schnell. Ein Retter wurde über Seilwinde abgelassen, und schon hing ich am Hubschrauber. Auf der Kleinen Scheidegg wurde ich in einen anderen Hubschrauber umgeladen. Die Retter fragten mich, ob ich noch laufen könne. Ich sagte überglücklich „Ja", und brach im selben Moment zusammen. Erst zwei Tage später wachte ich in der Intensivstation des Kantonsspitals Interlaken wieder auf. Der erste Gedanke ging an dich. Meine fragenden Augen fanden Halt bei einer Krankenschwester. Ich konnte kaum sprechen. Sie deutete auf das Zimmer nebenan, ich nickte. Und dann schob sie mich durch einen Gang in ein Zimmer, und dort geschah ein Wunder, das mich all die Schmerzen für einen Moment vergessen ließ: da lagst du, Holger – du lebtest!

Diese Geschichte ereignete sich vor nunmehr 15 Jahren, und es war zunächst sehr schwer, mit diesem Scheitern zu leben. Wie sollte man seinen Eltern gegenübertreten, die sich so unbeschreibliche Sorgen gemacht hatten? Wie mit den Vorwürfen der „perfekten" Bergsteiger umgehen, die alles ganz anders und natürlich viel besser gemacht hätten? Wie sollte man sich gegenüber dem erbarmungslosen Schreibdrang der Boulevardpresse verhalten, wenn man eigentlich gar nichts mehr hören will und jeden Tag wiederum eine neue Variante seiner eigenen Geschichte lesen muß?

Im Abstand dieser Jahre kann ich mich zu der gewagten Annahme hinreißen lassen, daß diese Härte der Natur vielleicht nötig war, mir die Vielfalt menschlichen Lebens wiederzuerschließen, mir eine neue Chance zu geben, in die Mannigfaltigkeiten der Existenz einzutauchen, einen Sinn im Dasein außerhalb des Bergsteigens zu entdecken. Wir hatten einen großen Teil unserer Jugend in den Bergen ausgelebt. Diese Zeit war zwar äußerst interessant und intensiv, aber doch auch sehr einseitig.

Und plötzlich gab es da Mädchen, von denen ein Kuß mehr bedeutete als tausend Meter schwerster Fels,
da gab es wieder Interesse an der Musik, die deutlich schöner klang als die Steinschlagmärsche der Eiger-Nordwand,
da gab es Bücher, die in Schönheit und Anmut der Sprache fast an die Formen des Matterhorns heranreichten,
und ...
und natürlich blieben da auch die Berge, die mir Zuflucht vor Problemen gaben, die mir Geselligkeit oder Ruhe bescherten, in denen ich meinen Körper spüren, meinen Geist lüften und meine Seele fliegen lassen konnte. Nichts aus diesem Spektrum möchte ich heute missen, die Vielfältigkeit des Lebens fasziniert mich, und die Berge sind nicht mehr alles, sondern ein Teil davon – ein wichtiger Teil. Ich bin an meinem damaligen Lebensziel gescheitert, aber
Scheitern macht verwundbar und wandelbar
macht empfindsam und einfühlsam
zerstört Träume und öffnet Welten.

Die Liebenden vom Nil

„Seitdem Columbus zuerst San Salvador erblickte, hat die Erde nur mehr eine Empfindung des Triumphs zu vergeben – und die hat sie jenem vorbehalten, der zuerst aus den Quellen des Weißen Nils unter den Schneefeldern des Kilimandscharo trinken wird.“

Bayard Taylor

„Meine Kompaßnadel weist mich nach Innerafrika“, lauteten die Worte des britischen Gentleman Samuel White Baker, der vor 140 Jahren gemeinsam mit seiner Gefährtin Florence Sass aufbrach, um die sagenumwobenen Quellen des Nils zu finden.

Samuel Baker blickt zurück. Florence! Immer tiefer versinkt sie im grünen Morast. Erstickungslaute dringen aus ihrer Kehle, ihr Gesicht ist purpurrot und verzerrt. Samuel kämpft sich durch das Dickicht, erreicht sie im rettenden Moment und zieht ihre leblose Gestalt durch den tückischen Sumpf ans Ufer. Dort bettet er seine Gefährtin unter einen schattigen Baum und kühlt ihre Stirn mit Wasser. Florence hat einen Hitzschlag erlitten. Mit einem Holzkeil öffnet Samuel ihre zusammengebissenen Kiefer. Er massiert ihr Herz und benetzt mit einem nassen Tuch ihren trockenen Mund. Doch Florence bleibt ohnmächtig, ihre weit aufgerissenen Augen starren ins Leere.

Auf einer Trage wird sie todkrank durch wucherndes Dickicht ins nächste Dorf getragen. In einer Hütte wacht Samuel im Schein der Talglichter neben der 22jährigen. Er zählt ihre Atemzüge, ganz schwach bewegt sich ihre Brust. Seit fünf Jahren ist die zarte, blonde Frau seine treue Begleiterin. Bis in die unzugänglichsten Winkel des Schwarzen Kontinents ist sie ihm gefolgt – nun bangt er um ihr Leben. „Sollte ein so schreckliches Opfer das Ergebnis meines selbstsüchtigen Exils sein?“ schreibt er, erstmals an seiner Mission zweifelnd, in sein Tagebuch.

Samuel hat seit Tagen nicht geschlafen, draußen heulen die Hyänen. Als die Morgenröte den Himmel erhellt, tritt er ruhelos vor die Hütte – das Grab für die Sterbende hat er tagsüber schon ausgeben lassen. Auf einmal hört er hinter sich eine leise Stimme. „Mein Gott", flüstert Florence. Samuel stürzt an ihr Lager. Sie lebt! Und für einen Moment öffnet sie die Augen, mit jenem Blick, „den er niemals wiederzusehen gefürchtet hatte". Bald würde Florence sich erholen. In nur zwanzig Tagen könnten sie ihr ersehntes Ziel erreichen, die sagenumwobenen Quellen des Nils.

Was trieb den reichen britischen Gentleman Samuel White Baker vor 140 Jahren in das unbekannte, feindliche Terrain mitten in Schwarzafrika? Woher kam Florence, seine geheimnisvolle deutschsprechende Gefährtin? Sie waren Liebende; und doch hat Samuel sie lange verleugnet, ihre Identität nicht einmal in seinen Tagebüchern preisgegeben. Er nannte sie „F." und widmete ihr nur knappe, teils verschlüsselte Worte. „Marschierten fünf Stunden vierzig Minuten in genau westlicher Richtung. Dicht bewaldete Gegend, Dickicht und Dornen. F. erwachte aus Delirium", lautet die Eintragung vom 4. März 1864. Erst Jahre später sollte er Florence in den vielgelesenen Erzählungen über seine Abenteuer als Heldin feiern.

Der Zufall führte die beiden zusammen. 1859 folgte Samuel Baker dem Lockruf des Abenteuers und reiste in den südöstlichen Zipfel Europas, wo Florence beheimatet war. Gemeinsam mit einem indischen Maharadscha wollte der passionierte Großwildjäger in den Wäldern Siebenbürgens Bären und Wildschweine jagen. Baker, damals 37 Jahre alt, hatte schon in jungen Jahren von seinem Großvater ein Vermögen geerbt. Sein Vater, ein Kaufmann und Bankier, besaß Zuckerrohrplantagen auf Jamaika. Beruflich und wirtschaftlich unabhängig, widmete sich Baker nach dem plötzlichen Tod seiner ersten Frau ganz seinen Neigungen. Er jagte Elefanten auf Ceylon und Tiger in Indien. Er verkehrte in London in den besten Familien. Und er fühlte sich zum Entdecker berufen: Den berühmten Afrika-Forscher David Livingstone wollte er auf einer Expedition in das Sambesi-Becken begleiten. Doch sein Anliegen wurde barsch zurückgewiesen. Ein Jäger und Abenteurer ohne bürgerlichen Beruf schien dem Arzt und Missionar Livingstone nicht tauglich für die geplante Aufgabe.

Auf seiner Balkanreise mit dem indischen Prinzen will Baker die Enttäuschung vergessen. Vom ungarischen Semlin aus machen die beiden Männer einige Jagdausflüge. Auf der Donau reisen sie mit dem Boot weiter und stranden nach einer Havarie in der türkischen Festung Widdin. An diesem ungastlichen und vom Bürgerkrieg verwüsteten Ort geraten der britische Gentleman und der indische Prinz auf eine Auktion, auf der junge, weiße Mädchen als begehrte Sklavinnen versteigert werden sollen; die Reichen von Konstantinopel pflegen ihren Söhnen zu dieser Zeit gleich mehrere hübsche Jungfrauen zum Geburtstag zu schenken. Die „Ware" kommt vom Balkan, wo schutzlose Flüchtlinge den Menschenhändlern nach den Revolutionen und nationalen Erhebungen um das Jahr 1848 in die Hände gefallen sind.

Links: Samuel White Baker hatte schon früh ein beträchtliches Vermögen geerbt. Wirtschaftlich unabhängig, widmete er sich mit Vorliebe seiner Jagdleidenschaft. Als ganz England dem „Nilfieber" verfallen schien, fühlte auch er sich zum Entdecker berufen.

Rechts: Florence Maria Sass, Samuel Bakers große Liebe, die ihm bis ans Ende der Welt folgen sollte. Der Engländer hatte die aus Siebenbürgen stammende Frau auf einer Menschenversteigerung im türkischen Widdin freigekauft.

Sein Leben lang wird Samuel Baker darüber schweigen, was sich bei dieser Menschenversteigerung abgespielt hat. Nur eines ist sicher: Hier begegnete er jener Frau, die ihm bis ans Ende der Welt folgen sollte – Florence Maria Sass. Das Mädchen hatte im Alter von zwölf Jahren ihre ganze Familie bei einem Massaker verloren. Selbst ihre frühesten Erinnerungen waren durch „Schüsse, Schreie, Messer, Leichen und Feuer" geprägt. Florence war dem blutigen Überfall entkommen, von den Tätern in ihrem Versteck übersehen worden – bis sie in die Fänge der Menschenhändler geriet.

Mit tollkühnem Entschluß kauft Samuel Baker das Mädchen frei – für eine Summe in niemals genannter Höhe. Da er Englisch spricht und sie Deutsch, können sie sich zunächst kaum verständigen. Doch die beiden scheinen einander vom ersten Augenblick an zu vertrauen. „Ich verdanke Sam alles!" pflegt Florence später zu sagen. Für ihn ist sie die große Liebe – und Leidenschaft.

Samuel befindet sich in einem Dilemma. Der Gedanke, das schöne Mädchen, das er wie ein Souvenir erstanden hat, in das viktorianische England mitzunehmen, erscheint ihm allzu verwegen. Der Besitz von Sklaven gilt als verpönt und „nicht gentlemanlike" – wenngleich auch Samuels Vater Sklaven hielt, die es „besser als englische Fabrikarbeiter" hatten, wie der Plantagenbesitzer nachdrücklich zu versichern pflegte.

Für Samuel gibt es kein Zurück. Er nimmt in dem türkischen Fischerdorf Constanza eine Stellung als einfacher Verwalter beim Bau einer Eisenbahnlinie an. Er lebt mit Florence in einem bescheidenen Haus mit nur zwei Zimmern. Der leidenschaftliche Großwildjäger und Abenteurer muß sich in dieser Trostlosigkeit wie in einem Käfig vorgekommen sein. Und als im Sommer 1859 in Constanza britische Zeitungen eintreffen, die von aufregenden Entdeckungen in Zentralafrika berichten, erinnert er sich an seine eigenen Ambitionen. Gespannt liest er die Nachrichten über John Hanning Speke, der im Inneren des Schwarzen Kontinents zu einem großen See vorgestoßen war, den er Viktoria-See nannte. Ob es sich wirklich um die legendäre Quelle des Nils handelte, wie Speke öffentlich behauptete? Offenbar war ganz England im „Nilfieber" und feierte Speke wie einen Helden. Auf seinen Jagdausflügen an der Mündung der Donau beginnt Baker erneut von dem ewigen Strom zu träumen, dessen Ursprung irgendwo im Herzen des dunklen Erdteils verborgen sein muß.

„Meine Kompaßnadel weist mich nach Innerafrika"

Die alten Mythen über die geheimnisvollen Nilquellen werden in den Berichten über Spekes Expedition wieder lebendig. Aus zwei sagenumwobenen Seen, gespeist von den ewig mit Schnee bedeckten Mondbergen, entspringt der Nil, mutmaßte schon der Geograph und Astronom Ptolemäus in der Antike. Schätze, die jede menschliche Vorstellungskraft sprengen, und märchenhafte Dschungelstädte vermuteten die Pharaonen im Quellgebiet des mächtigen Stroms, der durch ein grünes Meer, über Adern aus Gold, Silber und Rubinen fließt. Schon der römische Kaiser Nero schickte seine Zenturionen dorthin, um die unermeßlichen Reichtümer erobern zu lassen. Doch alle Expeditionen wurden von undurchdringlichen Sümpfen aufgehalten. Und die rätselhafte Karte des Ptolemäus blieb bis vor 150 Jahren nicht mehr als eine wissenschaftliche Kuriosität.

Noch Mitte des vorigen Jahrhunderts galten die Nilquellen als das größte geographische Geheimnis seit der Entdeckung Amerikas. Gegen Ende des Jahres 1859 melden die Londoner Zeitungen, daß John Hanning Speke erneut nach Afrika aufbrechen will. Wie bei seiner ersten Expedition plant er, von Sansibar am Indischen Ozean ins Innere des Kontinents vorzustoßen und den von ihm entdeckten Viktoria-See zu umrunden, um das Rätsel der Nilquellen endgültig zu lösen. Bis nach Ägypten will er dem Lauf des Stroms gen Norden folgen. 2500 Pfund aus der Staatskasse stehen für ihn bereit, und ein Spendenaufruf der *Royal Geographical Society*, der angesehenen Vereinigung britischer Geographen, übertrifft alle Erwartungen. England ist zu einer bedeutenden Handels-

Noch Mitte des 19. Jahrhunderts galten die Nilquellen als das größte geographische Geheimnis seit der Entdeckung Amerikas. Der Engländer John Hanning Speke wollte bei einer zweiten Expedition den von ihm entdeckten Viktoria-See umrunden, um das Rätsel der Nilquellen endgültig zu lösen. (Karte von J. H. Speke)

macht aufgestiegen, die Entdecker werden in einer Ära der politischen Expansion zu neuen Hoffnungsträgern der Nation.

Samuel Baker hatte John Hanning Speke auf einer Schiffsreise von Ceylon zurück nach England kennengelernt. Beide waren passionierte Großwildjäger und liebten einsame Gegenden, in denen „weder das Summen ferner Stimmen noch das Rollen ferner Räder zu hören war“. Sie waren Seelenverwandte, aber von unterschiedlichem Temperament. Speke provozierte gern Streitgespräche, in denen er mit einem Wirrwarr aus Tatsachen und Vorurteilen argumentierte – ein Hitzkopf und Haudegen.

Baker hingegen verkörperte den vornehmen Gentleman mit Forscher-Ambitionen und Abenteurer-Allüren.

Als Samuel Baker von der zweiten Expedition seines „alten Freundes“ erfährt, beschließt er, ihm auf umgekehrtem Weg entgegenzureisen – um an seinem Ruhm teilzuhaben. Er will dem Lauf des Nils vom Mittelmeer flußaufwärts folgen und als erster aus nördlicher Richtung zu den legendären Nilquellen vorstoßen. „In meinem innersten Mark waltet ein wandernder Geist, der mich nicht ruhen läßt“, schreibt er an seine Schwester. „Mag sein, daß ich mir einmal das Leben in den Städten gefallen lasse … doch gegenwärtig ist es mir ein Greuel … meine Kompaßnadel weist mich nach Innerafrika.“

Was aber sollte mitten in der Wildnis aus „F.“ werden? Eine Trennung von seiner gekauften Braut scheint Baker niemals in Erwägung gezogen zu haben. Aber war er sich der Gefahren bewußt, die auf die zerbrechliche junge Frau warteten? „Ich schauderte bei dem Gedanken, mein Tod könnte sie allein im Land der Wilden zurücklassen; und viel lieber hätte ich sie im Luxus zu Hause gewußt, als sie den Plagen Afrikas auszusetzen“, schreibt Baker später in einem seiner Abenteuerbücher über seine Sorgen um Florence. „Vergeblich flehte ich sie an, zu bleiben, umsonst malte ich ihr die Schwierigkeiten und Wagnisse noch schwärzer aus, als ich sie mir in Wirklichkeit vorstellte.“ Doch das ist wohl nur die halbe Wahrheit. Freunde machten Samuel Vorwürfe, weil er mit Florence in den Dschungel ziehen wollte, ohne sie vorher zu heiraten. Aber er wollte von einer Hochzeit nichts wissen. Und sie wollte ihm folgen bis an die entlegensten Gestade des Nils. „Wo du hingehst, da will auch ich hingehen“, soll Florence mit einem Bibelzitat gesagt haben.

Als Samuel Baker nach Afrika aufbrechen wollte, hatte er Bedenken, seine Gefährtin in das „Land der Wilden“ mitzunehmen. Doch Florence lehnte es ab, allein zurückzubleiben: „Wo du hingehst, da will auch ich hingehen.“

„Unser einziger Schutz sind erbärmliche Mörder"

„Abreise aus Kairo um sechs Uhr morgens mit einer steifen Brise", lautet die erste Eintragung in Samuel Bakers Tagebuch am 15. April 1861. In einer *Dahabiah*, einem Nilboot mit einer kleinen Kajüte und einem diagonalen Segel, fahren sie stromaufwärts. Wohl selten hat damals ein so professionell ausgerüsteter Abenteurer den afrikanischen Kontinent betreten: Gewehre nach eigenen Entwürfen von den besten Büchsenmachern Londons, feinstes Camping-Equipment, Meßinstrumente von äußerster Präzision – und erlesene Delikatessen von Fortnum & Mason's. Ein neuer Typus von Forscher: Er war reich, reiste privat ohne staatliche oder kirchliche Mission, zum Privatvergnügen – und auf der Flucht vor viktorianischem Standesdünkel.

Auf der ersten Etappe ihrer langen Reise begegnen Samuel und Florence unternehmungslustigen Touristen, die schon damals nach Ägypten pilgern, um die Pyramiden und die Sphinx von Gizeh zu besuchen. Bereits Mitte des vorigen Jahrhunderts hatte der Reiseveranstalter Thomas Cook ein Büro in Kairo eröffnet. Glücksritter, Botaniker, wohlhabende Rentner, Jäger, Abenteurer und Archäologen quartieren sich in der Stadt im berühmten Shepheard's Hotel ein. Auch Samuel Baker begeistert sich für die Sehenswürdigkeiten Ägyptens.

In Luxor wird erstmals angelegt. Fasziniert von der Geschichte der Pharaonen, besichtigen die Entdecker die mächtigen Ruinen ihrer Tempelanlagen und Paläste. Zu Pferd machen sie Ausflüge ins Landesinnere. Samuel lernt die arabische Sprache. Florence, in Gamaschen, Hose, Gürtel und Bluse gekleidet, übt sich als Jägerin. Sogar Elefanten soll die zarte Frau erlegt haben.

Nur wenige Menschen gelangten damals bis nach Khartoum, weil gefährliche Stromschnellen die Reise auf dem Nil behinderten. „Einen elenderen, schmutzigeren und ungesünderen Ort kann man sich kaum denken", so Baker bei seiner Ankunft in der sudanesischen Stadt, wo der Blaue und der Weiße Nil zusammenfließen. Der australische Journalist Alan Moorehead schreibt in seinem Buch *The White Nile*: „Jenseits des Stromes war nichts als erbarmungslose Wüste; in der Stadt selbst drängten sich annähernd 30 000 Menschen in Hütten aus gebranntem Ziegelstein, die von Zeit zu Zeit vom Nilhochwasser überflutet wurden." Auf den unbefestigten Straßen liegen Kadaver von verendeten Tieren. Die Hitze in der Wüstenstadt ist erdrückend, und wenn ein Sandsturm aufkommt, verdunkelt sich der Tag innerhalb weniger Minuten in schwarze Nacht.

Khartoum – das ist Mitte des vorigen Jahrhunderts das Ende der Zivilisation. Weiter südlich herrschen die Gesetze der Wildnis. Die Stadt ist ein fiebriger Umschlagplatz für Waffen, Proviant, Boote, Kamele und Anlaufstelle für die Rekrutierung von Trägern, Matrosen und Soldaten. Alle Ka-

rawanen nach Südosten zum Indischen Ozean und den Nil flußaufwärts nach Norden müssen diesen Knotenpunkt passieren. „Jede Karawane gleicht einer Forschungsreise", schreibt Moorehead, „jedes aus der Wildnis kommende Boot bringt geheimnisvolle Schätze zurück" – bislang unentdeckte Tiere und Pflanzen; Erze, die Gold und Silber enthalten; Menschen fremder Stämme, deren Lippen, Nasen und Ohren von exotischem Schmuck durchbohrt sind.

Von Luxor aus fahren Samuel Baker und Florence stromaufwärts nach Khartoum. Obwohl der Menschenhandel offiziell bereits verboten ist, werden in der Wüste vor der sudanesischen Stadt immer noch schwarze Eingeborene versteigert.

Florence muß in Khartoum eine Erfahrung machen, die wie ein Schock auf sie wirkt. Hier offenbart sich das unermeßliche Grauen des Sklavenhandels. Offiziell ist der Menschenmarkt damals bereits verboten. Doch die Menschenhändler haben die Versteigerung von Sklaven lediglich in die Wüste vor der Stadt verlagert. Die Gefangenen werden von dort direkt nach Kairo transportiert, oder sie müssen entlang den Karawanenwegen zum Roten Meer marschieren, um dann nach Arabien oder Persien verschifft zu werden. Der Menschenhandel über den Atlantik hat damals schon ein Ende gefunden, im Orient hingegen ist die Sklaverei immer noch grausame Tradition.

Die entsetzlichen Geschichten über die menschenverachtende Jagd auf die schwarzen Eingeborenen bleiben auch Fremden in Khartoum nicht lange verborgen. Ganze Dörfer werden niedergebrannt; Kinder mit Eisenketten um den Hals an ihre Mütter gefesselt; Frauen wie Arbeitstiere mit einem schweren Joch, der *scheba*, auf den Schultern an Kamele gebunden; bronzener Schmuck aus Habgier von den Köpfen toter Opfer geschnitten; Mädchen vergewaltigt und Männer mit Peitschenhieben gefoltert.

Die Erlebnisse in Khartoum machten Samuel Baker, den Sohn eines Sklavenhalters, zu einem erbitterten Gegner des Menschenhandels. Er hatte Florence vor einem entwürdigenden Leben im Harem eines lüsternen Osmanen bewahrt. Doch sie war weiß. „Neger" hingegen betrachtete er bislang nicht als seiner eigenen Rasse ebenbürtig, ihr Sklavendasein nicht als Unrecht, sofern sie von ihren „Herren" gut behandelt wurden. Erst angesichts der Zustände in Khartoum änderte er seine Meinung, weil die Sklaverei „alle, die damit in Berührung kamen, moralisch zu vergiften geeignet war".

Was für eine leidenschaftliche Abscheu aber muß Florence vor den Menschenhändlern empfunden haben? „Ich kann wirklich kaum den Anblick dieser Leute ertragen", soll sie gesagt haben, „jedesmal, wenn ich einen sehe, erinnert mich das an früher."

Fast jeder in Khartoum ist in das Geschäft mit der Menschenware verstrickt: die Händler, die ägyptische Administration, sogar die Botschafter der europäischen Nationen. Und die Erkenntnis, auf Gedeih und Verderb mit diesen Menschen kooperieren zu müssen, um Männer, Proviant oder Pferde zu bekommen, ist für Samuel und Florence ernüchternd. „Die ägyptischen Behörden sahen die Erforschung des Weißen Nils durch einen europäischen Reisenden als eine Beeinträchtigung ihres Sklavengebietes an, da sie Spionage vermuteten, und mir wurde jedes Hindernis in den Weg gelegt", so Baker in seinem Tagebuch. „Die einzigen Menschen, die ich zum Schutz bekommen konnte, waren die erbärmlichen Mörder von Khartoum, die gewohnt waren, beim Handel auf dem Weißen Nil zu morden und zu plündern. Mit solchen Menschen die Reise anzutreten erschien als reiner Wahnsinn."

Dank seines Reichtums gelingt es ihm, 96 Männer anzuheuern – eine Leibwache, Matrosen, Träger und einige Diener. Für seine Söldner läßt Baker Uniformen schneidern: braune Baumwollhemden, rot verbrämte braune Jacken, braune Filzkappen und knapp über das Knie fallende Beinkleider. Er mietet drei Segelbarken, kauft für vier Monate Proviant, 21 Esel, vier Kamele und vier Pferde. Im rechten Moment ist Baker bereit für den Aufbruch. Denn aus London erreicht ihn die Nachricht, daß John Hanning Speke und dessen Begleiter James Augustus Grant verschollen sind. Schon zwei Jahre lang hat die *Royal Geographical Society* kein Le-

In Khartoum erfährt Baker, daß sein Freund John Hanning Speke und dessen Begleiter James Augustus Grant, die vor ihm zu ihrer Suche nach den Nilquellen aufgebrochen waren, verschollen sind. Vielleicht würde er die beiden im afrikanischen Busch finden und damit in ganz Europa für Schlagzeilen sorgen.

benszeichen von dem Helden der Nation erhalten. Mit offiziellem Auftrag der Geographen-Elite in London, um deren Anerkennung Baker noch immer buhlt, macht er sich jetzt auf die Suche nach seinem alten Freund Speke – und träumt von einer spektakulären Rettungsaktion mitten im afrikanischen Busch, die in der ganzen europäischen Welt für Schlagzeilen sorgen sollte. Vor der Abreise legt er in Khartoum sein Testament nieder, sein Geld soll nach seinem Tod Florence gehören.

„Alles ist wild und primitiv, hart und gefühllos"

Das nächste Etappenziel ist Gondokoro, die letzte Station der Sklaven- und Elfenbeinhändler mitten im Sumpfgebiet des Weißen Nils. *El Sudd*, das ist weder Land noch Wasser, eine schwimmende Vegetation aus meterhohem Papyrusfarn, dahintreibendem Schilf und Morast. Es ist der gewaltigste Sumpf der Welt, der sich hier in der Regenzeit über ein Gebiet von der Größe Englands erstreckt. Myriaden von Moskitos steigen wie Wolken aus dem dampfenden Grün empor. Am Ufer lauern die Krokodile, und neben dem Boot tauchen Nilpferde auf, von Gestrüpp bedeckt, mit rosafarbenen Nüstern und eckigen Kiefern.

Über weite Strecken muß Samuel Baker seine Boote von der Mannschaft mit Muskelkraft durch das Dickicht ziehen lassen. Ein gefährliches

Unterfangen, bei dem die Männer ihr Leben aufs Spiel setzen. Sie schwimmen etwa 100 Meter voraus und befestigen Seile im hohen, kräftigen Gras. Diejenigen, die an Bord bleiben, ziehen das Boot nach und zerren das Fahrzeug gegen den Strom. „Nichts geht über die Strapaze dieser Operation", schreibt Samuel in sein Tagebuch. „Das in diesen Sümpfen erzeugte Gefühl der Schwermut ist unbeschreiblich. Der Weiße Nil ist ein wahrer Styx."

Ein Todesfluß, auf dem unzählige Menschen, die ihn bezwingen wollten, von einer heimtückischen Krankheit befallen wurden: dem gefürchteten Sumpffieber. Mehrere Männer werden erschöpft, einige bewußtlos aus dem Wasser geholt. Im Fieberwahn liegen sie auf dem Boot, mit rot angeschwollenen und von Moskitos zerstochenen Gesichtern. *Mala aria* – „schlechte Luft", die aus dem dampfenden Morast aufsteigt, sei die Ursache, wie man damals vermutet. Der britische Entdecker Richard Burton, mit dem John Hanning Speke auf seiner ersten Expedition unterwegs war, hörte indessen von Eingeborenen, das Fieber werde durch den Biß der Moskitos verursacht – eine Erkenntnis, die erst um das Jahr 1900 wissenschaftlich bestätigt und mit einem Nobelpreis belohnt wurde.

Zwischen Khartoum und Gondokoro windet sich der Nil in endlosen Schleifen, die bei den Reisenden den Eindruck erwecken, sich im Kreis zu bewegen. Hier gibt es keine Zeugnisse untergegangener Kulturen wie in Ägypten, „keine alten Geschichten, welche die Gegenwart mit Reminiszenzen an die Vergangenheit bezaubern", notiert Baker, „alles ist wild und primitiv, hart und gefühllos". Die Stimmung in dieser Einöde ist melancholisch, und Baker sinniert über den Sinn seiner Mission. Er will neue Handelswege erkunden und der Zivilisation den Weg bereiten. „Der Erforscher ist der Vorläufer der Kolonialisten, und der Kolonialist ist das menschliche Werkzeug, durch welches die Zivilisation der Welt hergestellt werden soll", schreibt er, an Deck unter dem Moskitonetz sitzend, in sein Tagebuch. Neben rein geographischen Interessen sind die meisten Expeditionen in unbekanntes Terrain von imperialistischen Motiven geleitet. Und wie so oft in der Kolonialgeschichte sollten den Entdeckern die Soldaten, Kaufleute und Missionare folgen.

Bakers Ideologie ist geprägt vom damaligen Zeitgeist. Die spätkolonialistische Epoche fällt zusammen mit der industriellen Revolution – ein neuer Zivilisationsbegriff entsteht. Und die Errungenschaften der modernen Technik, sei es die Fabrikation von Kleidern oder der Handel mit kostbaren Rohstoffen, gelten als Triebfedern der menschlichen Kultur.

„Der Wilde muß bedürfen lernen, mehr begehren als die rein tierischen Bedürfnisse nach Speise und Trank", so Bakers Überzeugung. „Dies kann nur durch den Umgang mit Zivilisierten gelehrt werden; der Anblick wohlgekleideter Menschen wird den nackten Wilden veranlassen, Kleidung zu begehren." Auf dem Weg nach Gondokoro treffen Samuel und Florence erstmals auf einheimische Stämme, die ihnen so fremd und

bedrohlich anmuten wie Lebewesen von einem anderen Stern. „Sie treiben das Wesen der Wilden so ziemlich auf die Spitze", notiert Baker. „Die Männer gehen so nackt, wie sie auf die Welt kamen; der Leib ist mit Asche eingerieben und ihr Haar mit einer Tünche aus Asche und Kuhurin rot gefärbt." In Bleistiftzeichnungen hält Baker die Menschen, die ihm begegnen, für die Nachwelt fest: Frauen mit „Schwänzen" aus fein geschnittenen Lederstreifen. Männer, so dicht tätowiert und mit rotem Eisenocker eingerieben, daß es „wie ein breiter Gürtel von Fischschuppen aussieht". Frauen mit einem Schmuck aus polierten eisernen Knöchelringen, deren Geklingel als sehr verführerisch betrachtet wird, „aber der Klang erinnert an das Klirren der Fesseln von Verbrechern".

Baker zeichnet einen Häuptling der Nuer, der an seinen Handgelenken schwere Reifen aus Kupfer und Eisen trägt, die „gleich Leopardenklauen" mit Spitzen besetzt sind. „Zur Antwort auf meine Frage, wozu das mit Spitzen versehene Armband diene, zeigte einer der Männer die Arme und den Rücken seines Weibes, die mit zackigen Narben bedeckt waren. Er war ganz stolz darauf, daß er sein Weib wie eine wilde Bestie zerkratzt

Samuel Baker sah den Sinn seiner Forschungsreise auch darin, der Zivilisation den Weg zu bereiten. Als er das erstemal auf einheimische Stämme trifft, notiert er in sein Tagebuch: „Sie treiben das Wesen der Wilden so ziemlich auf die Spitze."

hatte", empört sich Baker. „Der durch die Vielweiberei erzeugte Mangel an wirklicher Liebe ist für den Fortschritt eine unbedingte Schranke", schreibt er später, „und solange die Polygamie besteht, ist eine Ausbreitung der Zivilisation unmöglich. (...) Sie ist das größte Hindernis für das Christentum."

Der sogenannte Wilde kann das Gedankengut der industriellen Revolution nur verstehen, wenn er christlich denkt, so die damalige Ideologie. Das Christentum gilt als Wegbereiter des Kolonialismus. Als zaghafte Zeichen des Fortschritts werden in dieser Zeit nur Spuren menschlicher Kultur anerkannt, die man aus der eigenen Frühgeschichte kennt. Fetisch und Zauber der afrikanischen Kultur werden indessen verdammt.

Als die ersten Entdecker nach Schwarzafrika vorstießen, war nichts über die dort lebenden Eingeborenen bekannt. Sie galten als „Wilde" ohne Religion und in ihrer Triebhaftigkeit dem Affen verwandter als der weißen Rasse. Die anthropologischen Lehren dieser Epoche entsprachen dem kolonialistischen Weltbild: Galt noch zur Zeit der Aufklärung das Bild vom „edlen Wilden", der mit der Natur in Einklang lebt, wurde er nunmehr zum „bedürftigen" Menschen, dem jede kulturelle Errungenschaft fehlt. Den Gipfel des damals aufblühenden Rassismus bildeten „Völkerkundeschauen" in den zoologischen Gärten Europas: Hier ergötzten sich Weiße an Farbigen, die wie exotische Tiere vorgeführt wurden. Erst in diesem Jahrhundert begannen sich Ethnologen den einzigartigen und oft schon im Zuge der Zivilisation verlorenen Kulturen der Naturvölker zu widmen. Die Ethnologie, die viele Riten heute als zutiefst menschlich und ursprünglich erkennt, wurde erst vor weniger als dreißig Jahren etabliert.

Bakers kleine Flotte bewältigt die 1600 Kilometer von Khartoum nach Gondokoro in vierzig Tagen. Am 2. Februar 1863 gehen Samuel und Florence an Land und erkundigen sich sofort nach Speke. Es kursiert das Gerücht, daß ein mächtiger Stammesfürst zwei weiße Männer mit wunderbaren Feuerwerken gefangengehalten habe; beide sollen sehr krank gewesen und einer von ihnen gestorben sein. Zwölf Tage harrt Baker voller Ungeduld in Gondokoro aus, wartet auf die Rückkehr einer Karawane des maltesischen Elfenbeinhändlers Andrea De Bono aus dem Landesinneren.

„Gondokoro ist eine vollkommene Hölle", notiert Baker. „Sechs bis acht Monate regnet es in solchen Güssen, daß – wie die Menschen hier glauben – keine weiteren Quellen für den Nil erforderlich zu sein scheinen." Der Ort besteht aus 25 ärmlichen Hütten. 1851 hat die katholische Kirche hier eine Missionsstation eingerichtet, doch nur fünf von zwanzig Geistlichen haben in der grünen Hölle überlebt – ohne je einen einzigen Schwarzafrikaner zum christlichen Glauben bekehrt zu haben. Hier ist das Camp der arabischen Sklaven- und Elfenbeinhändler. Bis zu 600 Männer lagern in Zelten und Bretterverschlägen am Ufer des Nils – betrunken, randalierend und sinnlos mit Gewehren in die Luft ballernd. Die Lager sind mit Sklaven angefüllt. Samuel Bakers Anwesenheit in der „Kolonie von Mördern“ wird, wie er sagt, „als rechtswidriges Eindringen in einen der Schlechtigkeit und Sklaverei geweihten Ort betrachtet“. Er findet keine Träger für die Reise ins Landesinnere, weil die Händler auf ihrem Terrain „keine englischen Spione dulden“.

Baker beschließt, sich dem nächsten Raubzug De Bonos anzuschließen, um nach den verschollenen Entdeckern zu suchen. Dann kommt es zu einer spektakulären Begegnung. Musketenfeuer kündigt die Ankunft der Händler an. „Meine Leute stürzten wie rasend nach meinem Boote mit der Nachricht, daß sich bei ihnen zwei weiße Männer befänden, die vom Meere hergekommen waren“, erinnert sich Baker. „Ich erkannte meinen alten Freund Speke; mit freudig schlagendem Herzen nahm ich meine Mütze ab und brachte, indem ich auf ihn zueilte, ein bewillkommnendes Hurra. Sie waren vom Victoria N'yanza gekommen, aus welchem der Nil entspringt. Das jahrtausendealte Geheimnis war enthüllt.“ Bald würde bei der *Royal Geographical Society* in London Spekes weltberühmtes Telegramm eintreffen: „The Nile is settled.“

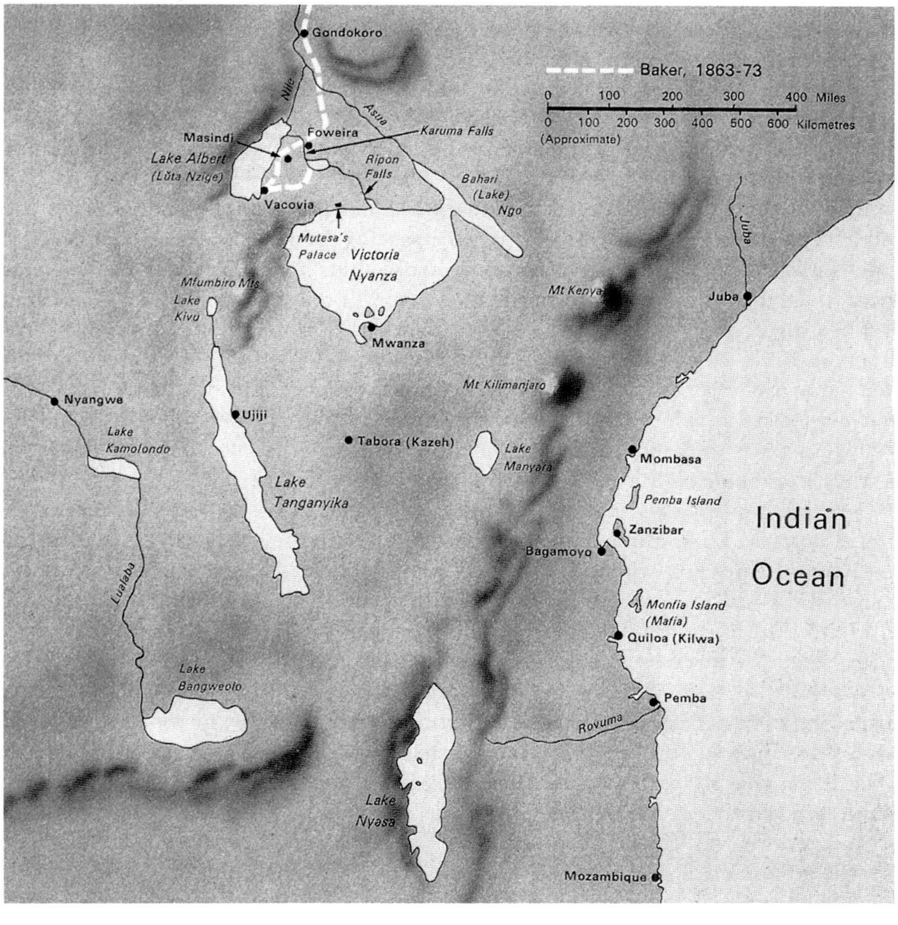

Karte der Route, die Samuel Baker und Florence Sass in den Jahren 1863–1873 zurückgelegt haben. 1870 gingen die beiden erneut nach Afrika. Baker hatte von der britischen Regierung den Auftrag erhalten, den Menschen am Nil „die Freiheit zu geben“.

Der Viktoria-See. Als Baker die als verschollen geltenden Forscher Speke und Grant in Gondokoro wiedertrifft, berichten sie ihm von einem gewaltigen Wasserfall am Nordufer des Viktoria-Sees – der Quelle des Nils. Doch noch war die Erforschung des Quellgebietes nicht abgeschlossen.

Am 21. Juli 1862, nach einer zweijährigen Reise durch die Wildnis, hatten Speke und Grant das Nordufer des Viktoria-Sees erreicht. Vor ihren Füßen lag die Quelle des Nils; es war ein grandioser, mächtiger Wasserfall, der sich wie eine enorme Flutwelle mit ohrenbetäubendem Lärm in die Tiefe stürzte. Heute sind die mächtigen Ripon-Falls nicht mehr zu sehen – die Nilquelle wird von einem Staudamm verborgen. Früher erinnerte eine Gedenktafel an Speke. Weil der Ursprung des ewigen Stroms den hier lebenden Menschen jedoch schon viele hundert Jahre vor ihm bekannt war, bleibt der Entdecker heute unerwähnt. „An dieser Stelle beginnt der Nil seine 6400 Kilometer lange Reise durch Mittel- und Norduganda, den Sudan und Ägypten zum Mittelmeer", steht hier geschrieben.

„Beide hatten ein Feuer im Auge", schreibt Baker über das Wiedersehen in Gondokoro, „das den Geist verriet, der sie von Anfang bis Ende geführt hatte." In bezug auf seine eigenen Ziele ist er indessen ein wenig enttäuscht, er sieht seine eigene Expedition als beendet an. Doch der Ernüchterung folgt gespannte Erwartung: „Mit der ihm eigenen Offenheit und Großzügigkeit gab Speke mir die Karte seiner Route", berichtet Baker später, „die zeigte, daß die Erforschung des Quellgebietes noch nicht abgeschlossen war." Die Eingeborenen hatten Speke von einem zweiten, weiter westlich gelegenen See erzählt, den sie „Tote Heuschrecke" nannten. Handelte es sich dabei um die zweite Quelle des Nils, die auch Ptolemäus erwähnt hatte? Speke gibt Baker detaillierte Ratschläge für den Weg dorthin. Ganz uneigennützig dürfte er dabei allerdings nicht gehandelt haben. Denn Vorwürfe seiner Auftraggeber, die Erfor-

Während seiner Reise fertigt Baker kolorierte Bleistiftzeichnungen von den Eingeborenen an, um sie für die Nachwelt festzuhalten.

schung des Quellgebietes nicht abgeschlossen zu haben, mußte er trotz durchlittener Strapazen ins Kalkül ziehen.

Auf dem Deck der *Dahabiah* lauschen Samuel und Florence gebannt seinen unglaublichen Geschichten aus der Wildnis. Als erster Europäer hatte Speke Uganda erreicht, ein weißer Fleck auf der Landkarte, über den bis Mitte des vorigen Jahrhunderts keine schriftlichen Aufzeichnungen existierten. Zwischen dem Viktoria-See und dem sagenumwobenen See „Tote Heuschrecke" war er auf drei märchenhafte Königreiche gestoßen, die sich wie Nischen beginnender Zivilisation im Reich der nackten, tätowierten „Wilden" etabliert hatten: Buganda, Karagwe und Bunyoro.

Häuser aus geflochtenem Schilfrohr ragten hier bis zu 15 Meter empor und bildeten imposante Siedlungen. Die Könige, wie Mutesa, der junge Herrscher von Buganda, kleideten sich in lange Togen aus Rindenstoff, die sie über der Schulter kunstvoll verknoteten. Darüber trugen sie gewebte Umhänge oder Antilopenfelle. Arme und Beine zierten breite Bänder, bestickt mit farbigen Perlen. Ein Speer, ein Schild und ein weißer Hund galten als Zeichen königlicher Würde. Mutesa I. hatte 84 Frauen und Hunderte von Mätressen mit glänzend gesalbter Haut. Als „Haustiere" hielten sich die archaischen Aristokraten Leoparden. Hofnarren sorgten für Spaß, und der König hatte ein eigenes Hoforchester.

In den Monarchien der Wildnis war die Macht des Königs absolut. Doch er wurde unterstützt durch ein Kabinett, bestehend aus Premierminister und Schatzmeister, dem Oberkommandierenden der Armee und dem Admiral der Kriegskanu-Flotte, dem Oberscharfrichter und weiteren

Würdenträgern. Die Hofetikette war streng; erschien der König, mußten sich alle Höflinge zu Boden werfen, weil der Herrscher als göttlich angesehen wurde.

Aber diese Menschen kannten weder Schrift noch Zahlen, keine Zeitmessung, weder Pflug noch Rad. Und in jäher Hysterie hielten sie an barbarischen Ritualen fest. Kaum ein Tag verging, an dem nicht Kinder, die zu laut sprachen, voller Willkür geköpft, junge Frauen lebendig mit ihren verstorbenen Männern verbrannt wurden. „Mutesa löschte Leben aus wie ein Kind, das Insekten zertritt", schreibt Alan Moorehead in *The White Nile*, „ohne je an die Folgen zu denken oder auch nur einen Augenblick Mitleid zu empfinden ob der Schmerzen, die er zufügte." Europäern wie Speke und Grant muß die Grausamkeit der königlichen Halbgötter, deren Glauben und Rituale sie nicht verstanden, als unkalkulierbares Risiko erschienen sein. Und mit ihren abenteuerlichen Schilderungen nährten die weißen Entdecker unter Europäern das Klischee vom barbarischen Wilden.

„Das Fieber läßt von uns nur Haut und Knochen übrig"

Florence und Samuel scheuen die Begegnung mit den unberechenbaren Urwaldaristokraten nicht. Am 26. März 1863 tritt das Entdeckerpaar mit seiner Mannschaft, 17 Männern und einigen Frauen, schwerbeladenen Eseln und Kamelen eine halbe Stunde nach Sonnenuntergang eine Reise in die Dunkelheit an. Unter den Sklavenhändlern in Gondokoro ist es Baker nicht gelungen, einen Führer und Dolmetscher zu rekrutieren. Mit seiner Truppe begibt er sich auf die Fährte von De Bonos Karawane. Die Route führt über Land, erstes Ziel sind die Karuma-Fälle im Königreich Bunyoro.

Es ist der Anfang einer Reise durch die Hölle. Und sie entbehrt wohl keines Abenteuers, das einem weißen Mann in der Mitte des vorigen Jahrhunderts im afrikanischen Busch widerfahren konnte: Samuel und Florence werden von wilden Tieren angegriffen. Eingeborene beschießen sie mit Giftpfeilen. Sie müssen Meutereien in der Mannschaft schlichten. Baker meistert alle Schwierigkeiten mit Bravour – zumindest in seinen Büchern. Eitrige Geschwüre, scharfe Schnitte in zerfetzte Wunden, Schmerzen, für die es keine Betäubung gibt, Würmer im Leib, ausgespucktes Blut, bis auf die Knochen durchgefaultes Fleisch – nur zwischen den Zeilen offenbart sich das Grauen.

Nach einem kurzen Marsch wird Baker mit seinen Leuten von einem wuchernden Dornen-Dschungel aufgehalten. „Mein Gesicht und meine Arme bluteten aus zahllosen Ritzen", notiert Baker. Die ledernen Proviantsäcke werden von den Dornen der Mimosen zerrissen, und die lebensnotwendigen Vorräte strömen heraus. Notdürftig versuchen seine Män-

Auf ihrem Marsch zu den Karuma-Fällen im Königreich Bunyoro geraten Baker und seine Mannschaft in einen Dornen-Dschungel. Sie kommen nur noch mühsam voran und verlieren einen Großteil ihrer Vorräte.

ner die Löcher mit Stoffetzen zu stopfen, doch die kostbaren und knapp berechneten Lebensmittel rinnen weiter auf die Erde. Würden sie auf ihrer langen Reise genügend Nahrung zum Überleben finden?

Die Regenzeit beginnt. Feuchtigkeit dringt durch die Kleidung in alle Poren. Nach und nach verschimmeln alle Vorräte. Vom Verhungern bedroht, essen die Reisenden Gras. Im Land der Dinka im Südsudan, das die Entdecker auf ihrem Weg zu den Quellen des Nils durchquerten, drohen heute, 150 Jahre später, eine Hungersnot und der Bürgerkrieg ein ganzes Volk zu vernichten.

Samuel und Florence werden von Durchfall geplagt. Die Tiere siechen dahin. Sie marschieren zu Fuß weiter, alles nicht unmittelbar Lebensnotwendige lassen sie zurück. Und mit dem unaufhörlichen Regen kommt das gefürchtete Sumpffieber, die Geißel aller Entdecker.

Baker hat seine Leiden in seinen Büchern beschrieben: „Aus fortgesetzter und qualvoller Erfahrung kenne ich jede Regung dieser heimtückischen Krankheit. (...) Rheumatische Schmerzen in den Lenden, im Rücken und in den Gelenken begleiten ein Gefühl großer Schwäche. Mit einemmal überfallen einen Schüttelfröste, so heftig, daß sie zumeist sofort den Magen angreifen und schmerzhaftes Erbrechen mit krampfartigem Würgen zur Folge haben. Die brennenden Augen sind kaum zu bewegen, der Kopf ist heiß und schmerzt, die Extremitäten sind kalt und blutlos, der Puls geht schwach bei lediglich etwa fünfundfünfzig Schlägen pro Minute, die schwache Herztätigkeit nimmt einem jede Kraft. (...) Das Wechselfieber, dessen Schübe sich alle zwei Tage fast zur selben Zeit wiederholen, läßt vom Kranken nach kurzer Zeit nur Haut und Knochen übrig."

„Fieber" lautet an vielen Tagen die einzige Eintragung in Bakers Tagebuch. Die Vorräte an Chininpulver – damals das einzige bekannte Mittel gegen Malaria – sind längst verbraucht. Samuel und Florence liegen darnieder. „Die Ratten sprangen uns während der Nacht über den Leib,

Samuel und Florence waren vielleicht die ersten Weißen, die in Schwarzafrika die Kultur der dort lebenden Menschen erforschten.

wühlten sich durch den Fußboden und füllten unser einziges Zimmer mit kleinen Erdhügeln an“, so Baker. „Dann und wann sah man im Dachstroh eine Schlange hingleiten, die vor dem strömenden Regen Schutz gesucht hatte.“ Daß Sam und Florence diese Hölle überleben, grenzt fast an ein Wunder. Das Ziel vor Augen, scheinen sie gegen alle Widrigkeiten immun.

War es auch das Glück einzigartiger Erfahrungen in einer fremden Welt voller Exotik, das die Entdecker zu immer neuen Ufern trieb, ihren Körper, wie Wissenschaftler heute vermuten, stählte? Von einem berauschenden Hochgefühl ist in den Tagebüchern von Samuel Baker selten die Rede – nur jeder Schritt, der ihn der Erfüllung seiner Vision näher brachte, schien zu zählen. Selbst angesichts größter Schwierigkeiten zogen Samuel und Florence niemals in Erwägung, ihre Expedition abzubrechen. Denn ein gebrochener Wille konnte den Tod bringen – „jede heftigere Gemütsregung wie etwa Kummer oder Ärger zieht in diesem Land fast mit Sicherheit Fieber nach sich“, bemerkte Baker.

Immer wieder gönnt ihnen die Krankheit eine Pause, bis die Reise weitergehen kann. Eines Tages verliert sich der Weg in einem grenzenlosen Meer aus drei Meter hohem Gras. Samuel und Florence irren ziellos voran, in der Dunkelheit von der Gefahr bedroht, einander zu verlieren. In der wuchernden Vegetation verbergen sich giftige Schlangen, jeder Schritt ist ein Wagnis. Doch aus nördlicher Richtung bläst ein starker Wind, und Baker läßt die dürre Prärie kurzerhand in Brand setzen, um das Land nach Süden zu lichten: „In wenigen Minuten brauste es vor uns, und wir genossen den großartigen Anblick, wie die grenzenlosen Prärien gleich höllischen Regionen loderten und rasch einen Weg nach Süden lichteten", schreibt Baker. „In etwa einer Stunde marschierten wir über die schwarze und rauchende Erde hin, alle Augenblicke toten Stummeln lodernder Palmbäume begegnend. (...) Wir waren vollkommen schwarz, da der Wind Aschenschauer brachte, die wie Schnee fielen, aber uns in Mohren verwandelten."

In ihrem Lauf nach Süden werden die Flammen wieder und wieder durch feuchte Sümpfe aus grünem Schilf aufgehalten. Das Gepäck wird stückweise auf Tragen über den nachgebenden Morast transportiert. Vier Tage kämpft sich die Karawane durch Sümpfe und Grasdschungel, bis sie endlich den Weißen Nil erreicht, der hier zwischen hohen Klippen über unzählige Wasserfälle stürzt; dazwischen liegen kleine Felseninseln mit Hüttendörfern und Bananenhainen.

„Unser altes England schien fern, sehr fern"

Als die Entdecker sich ihrem Etappenziel, den Karuma-Fällen, nähern, drängen sich auf dem gegenüberliegenden Ufer die Eingeborenen des Königreiches Bunyoro auf den Klippen – schwarze Krieger des Königs Kamrasi, bewaffnet mit Speeren und Schilden. Einige der Männer schieben einen Einbaum ins Wasser und fahren ans andere Ufer, nahe genug, um beim lauten Brausen der Stromschnellen mit den Fremden verhandeln zu können. Die schwarze Dolmetscherin, die Baker unterwegs zur Mitreise bewegen konnte, erklärt ihnen, daß „Spekes Bruder" gekommen sei, um

Als das Entdeckerpaar die Karuma-Fälle erreicht, werden sie von den Kriegern des Königreiches Bunyoro empfangen. Baker wird als „Spekes Bruder" vorgestellt, der König Kamrasi einen Besuch abstatten wolle.

König Kamrasi einen Besuch abzustatten und ihm wertvolle Geschenke zu bringen. „Laßt ihn uns ansehen", entgegnet der Anführer der Eingeborenen vom Boot aus. Daraufhin steigt Samuel Baker, in einen englischen Tweedanzug gekleidet, der demjenigen Spekes ähnelt, auf einen hohen Felsen. „Ich schwang meine Mütze winkend zur Menschenmasse auf der entgegengesetzten Flußseite und sah dabei fast so imposant aus wie Nelson auf dem Trafalgarplatze", so Baker.

Nun fährt das Kanu ganz an das Ufer heran, und die Eingeborenen gehen durch das hohe Schilf an Land. Samuel und Florence schreiten ihnen entgegen. Durch ausschweifendes Tanzen und Gestikulieren mit Lanzen und Schilden heißen die Eingeborenen das Paar willkommen. Am Abend rudern sie die Entdecker – ohne den Begleitschutz der eigenen Leute – in völliger Finsternis in einem mächtigen Einbaum über den reißenden Strom nach Bunyoro. Ein Feuer markiert den Landungsplatz. Dort werden Samuel und Florence von einer Horde Menschen mit dem lauten Klang von Hörnern und kleinen Schnabelflöten begrüßt. Durch einen Bananenhain führt man sie den steilen Hang der Felsenklippe hinauf.

Im Dorf bewirten die Eingeborenen ihre Gäste an einem Feuer mit einem Korb reifer Paradiesfeigen und einer Kürbisflasche mit Bananenwein – höchster Genuß nach einer langen Zeit der Entbehrungen. Eine Hütte wird für sie als Unterkunft bereitgestellt. Florence – „Rijadnay", die „weiße Perle" genannt – ist unter den Einheimischen eine Sensation. Samuel beobachtet, wie ihr Lager von aufgeregt schreienden Eingeborenen gestürmt wird. Er befürchtet ein Feuer, doch dann bemerkt er Florence, die sich am Eingang der Hütte ihre langen blonden Haare kämmt. „Der Gorilla würde in den Straßen von London kein größeres Aufsehen machen", so Baker über die Szene.

„Nach den nackten Stämmen, unter denen wir mehr als zwölf Monate gereist waren, war es eine erfreuliche Abwechslung, uns in einer verhältnismäßigen Zivilisation zu finden. Kleider aller Art sind hier sehr gesucht, und man würde sie beim Austausch mit Elfenbein um jeden Preis annehmen. Hier ist, wie ich immer ahnte, eine günstige Gelegenheit, gesetzlichen Handel zu beginnen." Samuel und Florence waren vielleicht die ersten Weißen, die im Herzen Afrikas – wenn auch von ökonomischen Interessen geleitet – die Kultur der dort lebenden Menschen erforschten. Fasziniert beschreibt Baker deren Fertigkeiten: „Wir waren jetzt von wohlgekleideten Männern umgeben, die Röcke von Rindenzeug trugen. (...) Der ‚Stoff' stammt von einem Feigenbaum, dessen Rinde in großen Stücken abgestreift, dann in Wasser eingeweicht und mit einem Schlägel geschlagen wird. Er gleicht dem Cordsamt und hat die Farbe von gegerbtem Leder." Aus Ziegenhäuten fertigen die Eingeborenen Mäntel, nähen viereckige Stücke kunstvoll mit Nadeln zusammen. Baker sieht in dem Handwerk „den ersten Versuch des menschlichen Geistes in Industrieerzeugnissen: Der gänzlich Wilde gebraucht die Natur – der Kürbis

Während Samuel und Florence auf den Herrscher von Bunyoro warten, werden sie von den Dorfbewohnern mit Nahrungsmitteln versorgt. Unter den Eingeborenen ist die hellhäutige Florence eine Sensation.

ist sein Geschirr; die mehr fortgeschrittenen Eingeborenen von Bunyoro nehmen ihn als Modell für ihre Töpferarbeit. Sie machen eine schöne Art pechschwarzes Steingut und verfertigen daraus Näpfe, Flaschen und vortreffliche Tabakspfeifen."

Als der Herrscher von Bunyoro endlich seinen langerwarteten Besuch im Camp der Entdecker ankündigt, leiden Samuel und Florence an heftigen Fieberattacken. Baker befiehlt seiner Mannschaft, ihn auf den Armen zum König zu tragen und mit Geschenken zu begleiten. Er wird auf eine Matte zu Füßen Kamrasis gelegt. Umgeben von zehn vornehmen Häuptlingen, sitzt dieser auf einem kupfernen Schemel, ein Leopardenfell dient als Teppich. Baker erklärt dem König mit Hilfe seiner Dolmetscherin, daß der „Nil eine Strecke von zwei Jahresreisen durch wundervolle Länder fließe und dann das Meer erreiche, von welchem her viele wertvolle Waren im Austausch für Elfenbein gesandt werden würden, wenn er nur den großen See entdecken könnte". Als Beweis präsentiert Baker dem König einige Geschenke: einen persischen Teppich, einen weißen Kaschmir-Mantel, eine rotseidene Schärpe, scharlachrote türkische Schuhe, prächtige Halsbänder, eine Doppelflinte und Munition. Kamrasi kümmert sich wenig um die erlesenen Gaben, bittet nur, das Gewehr abzufeuern. Bestürzt flüchten die Eingeborenen, der König bricht in lautes Gelächter aus.

Kamrasi beschenkt Baker mit siebzehn Kühen, zwanzig Töpfen Bananenwein und Paradiesfeigen und fordert ihn auf, zum Beweis seiner Freundschaft mit ihm Blut zu tauschen. „Das war eine zu starke Dosis!"

so Baker. „Ich erwiderte, es werde unmöglich sein, da man in meinem Lande das Blutvergießen als einen Beweis der Feindseligkeit betrachte; er müsse daher einen der türkischen Begleiter als Stellvertreter annehmen. Es wurden demnach beide Arme entblößt und in dieselben gestochen; als Blut floß, wurde es von beiden Parteien geleckt und ein Bündnis geschlossen." Der Türke willigte ein, mit ihm gegen alle Feinde zu ziehen. Kamra-

Zeichnung von Samuel Baker, die ihn und Florence zeigt. Waren sie Besessene, deren Leben sich nur durch eine bahnbrechende Entdeckung mit Sinn erfüllen konnte?

si versicherte, daß der See „Tote Heuschrecke" sechs Monatsreisen entfernt liege und Baker ihn in seinem schwachen Zustand unmöglich erreichen könne.

Für Samuel und Florence Baker beginnt ein zermürbendes Warten. Alle Träger laufen davon, als sie hören, daß der See in so unerreichbarer Ferne liegt. Der König stattet seinen Gästen täglich einen Besuch ab. Er legt behutsam 24 kleine Strohbündel auf den Boden – so viele Geschenke habe Speke ihm gegeben, während er von Baker nur zehn erhalten habe. „Dieser erbärmliche, habgierige, lügnerische Feigling ist dennoch ein König, und der Erfolg meiner Expedition hängt von ihm ab", entrüstet sich Baker. Niedergeschlagen müssen Samuel und Florence feststellen, daß sie Gefangene sind. Wieder und wieder betteln sie um Träger und Führer, ohne die sie ihre Expedition zu dem von Mythen umrankten See „Tote Heuschrecke" nicht fortsetzen können.

Hätten die Liebenden vom Nil in ihrem „selbstgewählten Exil" ihr Glück gefunden, wenn ihnen der Weg zurück in die Heimat für immer verschlossen geblieben wäre? Waren sie Besessene, deren Leben sich nur durch eine bahnbrechende Entdeckung mit Sinn erfüllen konnte? Immer wieder lebte das Paar für Wochen und Monate unter „Wilden". Zeitweise blieb die couragierte Florence sogar allein im Schutz der Häuptlinge bei den Eingeborenen zurück, während Samuel das fremde Terrain erkundete. Voller Romantik schwärmte er von den Momenten seiner Rückkehr, wenn „F." vor der Hütte mit einer Schale Bananenwein auf ihn wartete.

Der Aufenthalt bei Kamrasi jedoch – jede unfreiwillige Verzögerung ihrer Reise – erscheint ihnen als Fluch. „Blickte ich auf die Weltkarte und auf jenen kleinen roten Fleck", schreibt Baker später, „dann schien unser altes England fern, sehr fern; und musterte ich daraufhin die verwilderte Gestalt und das abgehärmte Gesicht meiner Frau und mein eigenes ausgemergeltes Gerippe, dann wagte ich kaum auf eine Heimkehr zu hoffen."

Während Samuel und Florence Baker in der Wildnis ausharrten, hatte die *Royal Geographical Society* ihren beiden Helden John Hanning Speke und James Augustus Grant längst einen furiosen Empfang bereitet. Doch Speke wurde in London nicht nur gefeiert. Rivalen versuchten, ihm seinen Triumph streitig zu machen. Seine Pioniertat wurde vor allem von Richard Burton angefochten – jenem Mann, mit dem Speke seine erste Expedition an die großen Seen Zentralafrikas gemacht hatte. Es war unumstritten, daß Speke einen Strom entdeckt hatte, der vom Viktoria-See nach Norden floß. Doch wie konnte er sicher sein, daß es sich tatsächlich um den Nil handelte? War er dem Strom flußabwärts nach Gondokoro gefolgt? Keineswegs. Er war über Land weitergezogen.

Und zudem wurde Speke zur Rechenschaft gezogen, weil er sich am Hof der afrikanischen Dschungelkönige für viktorianische Verhältnisse höchst ungebührlich amüsiert und seine Erlebnisse später bei Diners und Empfängen lautstark zum Besten gegeben hatte. Er hatte sich den Orgien der Stämme nicht entzogen – und nicht gezögert, wenn die Könige ihm junge, schwarzhäutige Jungfrauen als Geschenk überbrachten. Mit dem Mädchen Meri hatte der Abenteurer ein Kind. Mit verletzenden Attacken wurde die Moral des Entdeckers vor seinen Auftraggebern in Frage gestellt. Aus dem gefeierten wurde ein gefallener Held.

Kurz vor seiner mit Spannung erwarteten Anhörung vor der *Royal Geographical Society* wurde John Hanning Speke in Neston Park im britischen Wiltshire erschossen aufgefunden. Ein Unfall? Selbstmord? Die öffentliche Untersuchung seines Todes kam zu dem Ergebnis, daß Speke bei der Rebhuhn-Jagd durch einen Schuß aus seinem ungesicherten Gewehr ums Leben kam. Die Hoffnung der britischen Nation, die Ehrenrettung der *Royal Geographical Society*, konzentrierte sich nun auf die Reise von Samuel und Florence Baker.

„Wir beide erwarteten den Tod als Vergnügen"

Doch König Kamrasi läßt sie nicht gehen. Er will mehr Geschenke. Er will Florence. „Sollte dies das Ende der Expedition bedeuten, dann auch das Ende Kamrasis", soll der heldenhafte Baker gesagt haben. „Ich zog ganz ruhig meine Pistole, zielte aus weniger als zwei Fuß Entfernung auf seine Brust, und während ich ihm mit unverhohlener Verachtung in die Augen blickte, erklärte ich ihm, wenn ich den Abzug betätigte, dann könnten ihn alle seine Männer nicht retten. (…) Meine Frau, verständlicherweise entrüstet, hatte sich erhoben, und außer sich vor Aufregung hielt sie ihm, der kein Wort davon verstand, einen kurzen Vortrag auf Arabisch, mit einem Gesichtsausdruck, fast wie das Haupt der Medusa" – „F.", zur Heldin verklärt.

Kamrasi lenkt ein und erklärt sich bereit, Träger, Führer und einen Begleitschutz für die Reise zum See „Tote Heuschrecke" bereitzustellen. „Sie waren vollkommene Illustrationen meiner kindlichen Vorstellungen vom Teufel – Hörner, Schwänze und alles", so Baker. „Um ihre Kampfkraft zu demonstrieren, hatten sie ihre Gesichter furchterregend bemalt, Leoparden- und Affenfelle um die Lenden gegürtet."

Bald erreicht die Expedition den Kafur-Fluß, sumpfiges Gelände erschwert das Weiterkommen. „Es war nicht möglich, über diesen heimtückischen Fluß zu reiten oder jemanden zu tragen", erinnert sich Samuel. „Deshalb bahnte ich mir einen Weg und bat Florence, mir dicht auf den Fersen zu folgen. Der Fluß war ungefähr siebzig Meter breit, und ich hatte gerade ein Viertel überquert, als ich mich nach ihr umsah. Voller Entsetzen bemerkte ich, daß sie auf einem Fleck verharrte und langsam im sumpfigen Dickicht versank."

Es folgen jene schweren Tage, in denen Florence nach einem Sonnenstich im Delirium liegt und Samuel seine ehrgeizige Mission erstmals in Frage stellt. Weil Proviant fehlt, muß die Todkranke auf einer Trage wei-

Erst nach vielen Wochen, die Florence und Samuel unter den Einheimischen verbringen, erklärt sich König Kamrasi bereit, Begleiter für die Weiterreise zu stellen. Das Ziel ist der See „Tote Heuschrecke" – die zweite Quelle des Nils.

tertransportiert werden. Nachts wacht Samuel an ihrem Bett – und draußen feiern Kamrasis Krieger mit Tanz und lautem Gesang. Schließlich, im Morgengrauen, kann Samuel den Lärm nicht mehr ertragen – er befiehlt seiner „Leibwache" abzuziehen. Ganz auf sich allein gestellt, irrt die verbliebene Mannschaft ohne Führer weiter. Würden sie ihr Ziel jemals erreichen?

Am 14. März 1863 notiert Samuel Baker in sein Tagebuch: „Der Tag war noch nicht angebrochen, als ich meinem Ochsen die Sporen gab. Wir durchquerten ein Tal, und ich konnte den gegenüberliegenden Hang nicht schnell genug bis zum Gipfel erklimmen. Dort angekommen, brach das Glück über mich herein! Die Belohnung für unsere Mühsal. Wie ein See aus Quecksilber lag dort unten das Wasser, ein grenzenloser See glitzerte in der Morgensonne, und im Westen, fünfzig oder sechzig Meilen entfernt, ragten blaue Berge am Fuße des Sees empor."

Samuel und Florence steigen von ihren Ochsen und beginnen fieberhaft erregt den Abstieg von den schroffen Felsen bis an die Gestade des Sees, den Baker nach dem verstorbenen Gemahl von Königin Viktoria

Vom Albert-See aus paddeln die Entdecker weiter, bis sie nach Wochen die mächtigen Murchinson-Falls erreichen, aus denen der Nil tosend in die Tiefe stürzt. Es scheint, als hätte das Leben der Liebenden vom Nil hier seine Erfüllung gefunden.

„Albert-See" tauft. Florence stützt sich auf seine Schulter, muß alle zwanzig Schritte ausruhen. Zwei Stunden dauert der Abstieg, bis das Entdeckerpaar endlich den weißen Kiesstrand erreicht. „Ich stürzte mich in die Fluten", so Baker, „durstig und müde, mit Dankbarkeit im Herzen, und trank begierig aus den Quellen des Nils."

„Es war ein extremes Gefühl", schreibt er später in seinem Buch *Der Albert N'yanza*, „meine Frau, die mir so ergeben gefolgt war, stand an meiner Seite, so blaß und erschöpft, wie ein Wrack am großen Albert-See, den wir seit so langer Zeit erreichen wollten. Nie zuvor hatte ein europäischer Fuß diesen Strand berührt; nie hatte ein weißer Mann diese riesige Wasserfläche mit den Augen abgesucht. Wir waren die ersten, und hier lag der Schlüssel zu dem großen Geheimnis, das selbst Julius Cäsar vergebens zu enträtseln getrachtet hatte."

Mit Kanus aus ausgehöhlten Baumstämmen, die sie von Fischern bekommen, paddelt das Entdeckerpaar durch tobende Stürme und nächtliche Gewitter in nordöstliche Richtung. Nach einigen Wochen erreichen sie die mächtigen Murchinson-Falls, aus denen der Nil tosend in die Tiefe stürzt. Und es scheint, als hätte das Leben der Liebenden vom Nil hier seine Erfüllung gefunden. „Wir beide erwarteten den Tod eigentlich als Vergnügen, als Erholung", schreibt Samuel angesichts der nun bevorstehenden Rückreise über Gondokoro und Kairo nach London. „Kein Leiden mehr, kein Fieber, keine quälende Reise ..." Dem Anführer seiner Söldner schärft er ein, im Falle seines Todes alle Tagebücher und Landkarten nach Khartoum zu bringen.

„War ich wirklich von den Quellen des Nils zurückgekehrt?"

Katastrophen werden die Expedition bis zum Ende verfolgen. Über Land machen sich Samuel und Florence auf den Weg nach Gondokoro. Doch in ganz Bunyoro tobt der Bürgerkrieg, und es vergehen zwei Monate, bis sie, dem Hungertod nahe, den Königshof von Kamrasi erreichen. Dort offenbart man ihnen, daß der Mann, bei dem sie so lange ausgeharrt hatten, gar nicht der König, sondern sein jüngerer Bruder war. Kamrasi hatte sich in einem Versteck verborgen, weil sein Königreich kurz nach der Abreise John Hanning Spekes von Elfenbeinhändlern überfallen worden war und er erneute Angriffe befürchtete.

Der zwischen den Stämmen entbrannte Krieg will kein Ende nehmen; Mutesa greift Bunyoro von Süden an. Für die Entdecker ist es ohne Eskorte unmöglich, sich in dem umkämpften Terrain zu bewegen. Kamrasi ist schließlich gezwungen, vor den feindlichen Angreifern nach Norden auszuweichen, und Samuel und Florence bleibt keine andere Wahl, als ihn zu begleiten. Im September 1864 treffen sie endlich auf eine arabische Sklavenkarawane, der sie sich auf dem Weg nach Gondokoro anschließen. Dort mieten sie ein Boot, das jedoch wochenlang im El Sudd aufgehalten wird. An Bord bricht die Pest aus. Einige Männer, die sie niemals verlassen haben, verfallen dem Wahnsinn und sterben.

Samuel und Florence haben die Hölle überlebt. Im Gegensatz zu anderen Nilforschern, die sofort nach England zurückkehrten, um ihre Ent-

Für den ehrgeizigen Samuel Baker war Florence Sass „die hingebungsvolle Gefährtin, der ich den Erfolg und das Leben verdanke".

deckungen zu verkünden und den verdienten Ruhm zu ernten, bleibt das Paar noch zwei Monate in Khartoum. Und noch immer stellt sich die Frage von einst: Wohin soll der Gentleman mit seiner „Sklavin" gehen? Samuel Baker will sich mit ihr gemeinsam von der Londoner Gesellschaft als Entdecker der legendären Nilquellen feiern lassen. Er muß sie heiraten – und es gibt heute keinen Grund mehr zu bezweifeln, daß er es sich sehnlichst wünschte. „War ich wirklich von den Quellen des Nils zurückgekehrt?" schreibt er in Khartoum. „Es war kein Traum. Vor mir saß ein Zeuge. Ein noch junges Gesicht, das tief gebräunt war von langen Jahren Aufenthalt an der Sonne und aussah wie das Gesicht eines Arabers. Es war von Mühen und Leiden gekennzeichnet, von Sorgen geprägt. Die hingebungsvolle Gefährtin, der ich den Erfolg und das Leben verdanke – meine Frau." Die Hochzeit findet am 4. November 1865 in aller Stille in London statt. Drei krakelige Versuche mit zittriger Hand macht Florence, bis es ihr gelingt, ihre Unterschrift unter die Heiratsurkunde zu setzen. Für Königin Viktoria bleibt „F." eine Person von unbestimmter Herkunft – bei Hof wird sie niemals empfangen.

Noch bevor Baker in England eintrifft, wird ihm die goldene Medaille der *Royal Geographical Society* verliehen, bald danach wird er in den Ritterstand erhoben. Doch nach der ersten Euphorie begegnet ihm die Forscher-Elite mit Skepsis. Wie zuvor sein Freund Speke konnte auch Samuel Baker dem Lauf des Nils nicht von seinem Ursprung bis an die Grenze Ägyptens folgen. Erst die späteren Expeditionen von David Livingstone und Henry Morton Stanley sollten das Rätsel der Nilquellen endgültig lösen.

Der Suez-Kanal, das Tor ins Zentrum des Schwarzen Kontinents, war gerade eröffnet worden, als Samuel und Florence Baker im Jahr 1870 nach Afrika zurückkehrten – als Forscher und Abenteurer mit politischer Mission. England will die entdeckten Gebiete der Zivilisation und dem Handel öffnen und sie der ägyptischen Hoheit unterstellen, die schon damals unter britischer Aufsicht steht. Als Kommandeur einer Truppe von 700 Soldaten, die auf dreißig Schiffen verteilt sind, verlassen Samuel und Florence Khartoum. Von der britischen Regierung hat Baker den Auftrag erhalten, den Menschen am Nil „die Freiheit zu geben". Er will den Segen der modernen Welt in den primitiven Garten Eden bringen und den barbarischen Sklavenhandel besiegen.

Doch die finsteren Machenschaften brutaler Sklavenhändler haben die Feindseligkeiten unter den Stämmen und das Mißtrauen gegenüber Fremden geschürt – auch gegen Samuel Baker. Seine Männer werden von den Giftpfeilen schwarzer Krieger attackiert. Und als die Eingeborenen ihm keine Rinder und kein Getreide verkaufen wollen, ziehen seine Soldaten plündernd durch die Dörfer.

An der Grenze zum Königreich Bunyoro bitten Samuel und Florence den gerade regierenden Monarchen Kabba Rega, sein Land betreten zu dürfen. Baker erfüllt seine Mission: Er erklärt Bunyoro zum Protektorat des Khediven von Ägypten. Und in seiner Hütte stellt er englische Waren aus, die es künftig im Königreich zu kaufen geben könnte: Messer, Rasierklingen, Taschenuhren und kostbare Stoffe. Vier Monate später steckt Generalmajor Baker die Ausstellung selbst in Brand. Er muß flüchten. König Kabba Rega läßt die Lager von Baker angreifen – er will nicht Untertan des Khediven im fernen Kairo sein.

Baker ist gescheitert. Doch nach England berichtet er, daß Ägypten nun bis an den Äquator reiche und das Quellgebiet des Nils vom Sklavenhandel befreit sei. Unbeirrbar verkündet er, wie er die Eingeborenen von ihren eisernen Fesseln befreite. Für die Menschen im Herzen Afrikas jedoch beginnt mit Samuel Baker eine neue Ära der Abhängigkeit, die Zeit des Kolonialismus. 1894 wird das Land schließlich britisches Protektorat, viele alte Traditionen sind bereits für immer zerstört. 1962 erlangt Uganda seine Freiheit zurück, doch nach wenigen friedlichen Jahren beginnt für das Volk eine neue Leidenszeit unter Staatschef Milton Obote und später unter dem Schreckensregime von General Idi Amin. Die einst mächtigen Könige werden ins Exil verbannt – Mutesa II. stirbt verarmt und einsam in London. Erst heute erblüht die Kultur der alten Dynastien von Buganda und Bunyoro zu neuem Leben.

Samuel und Florence Baker liebten Afrika. Der Großwildjäger und seine „Sklavin" träumten von der Schöpfung einer großen Zivilisation. In Fatiko, einem Dorf am Nil im Königreich Buganda, stand das Fort, das sie errichteten. Seine Ruinen erinnern noch heute an ihre Mission.

In Fatiko, einem Dorf am Nil im Königreich Buganda, stand ein von Samuel Baker und Florence Sass errichtetes Fort. Seine Ruinen erinnern noch heute an ihre Mission.

Die Autoren

Gerhard Baur, 1947 geboren. Über das Bergsteigen kam er zur Filmarbeit. Dreht Dokumentationen und Fernsehspiele mit dem Themenschwerpunkt Mensch und Natur (u.a. *Der Weg ist das Ziel, Geschichte des Alpinismus, China – vom einfachen Leben*). Erhielt zahlreiche internationale Filmpreise und Auszeichnungen, u.a. *Gold Award*/New York Filmfestival, *Großer Preis*/Trient. Nominierung zum Bundesfilmpreis.

Thomas Burger, 1964 in Kempten geboren, studierte Germanistik, Geographie und Verwaltungswirtschaft. Skilehrer und Hochtourenführer. Seit 1988 Darsteller und Autor bei Fernsehproduktionen. Verfasser von Buch- und Zeitschriftenbeiträgen. Derzeit als Gymnasiallehrer tätig.

Wolfgang Ebert, 1940 in Berlin geboren, studierte Germanistik, Kunstgeschichte und Publizistik (Promotion 1967). Redakteur beim ZDF. Autor erfolgreicher Fernsehfilme, Serien und Bücher (u.a. *Abenteuer Australien, Abenteuer Südsee, Wilder Westen*). Mehrere Foto- und Fernsehpreise.

Werner Herzog, geboren 1942 in München. Studium der Geschichte, Literatur- und Theaterwissenschaft in München und Pittsburgh/USA, abgebrochen. Autodidaktischer Zugang zur Filmarbeit. Silberner Bär bei der Berlinale 1968 für den ersten Spielfilm, *Lebenszeichen;* Sonderpreis der Jury der Filmfestspiele Cannes 1975 für *Jeder für sich und Gott gegen alle*; Regiepreis der Filmfestspiele Cannes 1982 für *Fitzcarraldo;* mehrere Bundesfilmpreise. Seit 1963 eigene Produktionsfirma in München.

Ray Müller, 1942 in Herrsching geboren, studierte Anglistik, Romanistik und Filmwissenschaften in London, Montpellier und München. Seit 1972 Dokumentarfilmer. Drehbuchautor und Regisseur zahlreicher Fernsehdokumentationen und Spielfilme. 1986 Gründung der Produktionsfirma UTOPIA FILM. Mehrere Filmpreise, u.a. einen Emmy International.

Luise Wagner, geboren 1957, studierte Diplombiologie (Promotion 1984) und Journalistik. Stipendien u. a. von der Deutschen Forschungsgemeinschaft und der Robert Bosch Stiftung. Schreibt als Autorin für den *Stern* und andere Magazine bevorzugt über Themen im Grenzgebiet von Wissenschaft, Kultur und Zeitgeist. Seit 1998 leitende Redakteurin bei der Filmgesellschaft team work.

Bildnachweis

Daniel Anker, Eiger. Die vertikale Arena, AS Verlag Zürich, 1998: 99 (Jost von Allmen, Bern und Wengen), 103, 105 links, Mitte und oben, 107, 109 (Archiv Hans Steinbichler)

Gerhard Baur Film, Sulzberg: 100, 104, 106, 111, 112, 114, 117, 118, 120

Archiv Hans Bertram, Remscheid: 38, 50, 51, 54, 56, 58, 60, 63, 64, 65, 67

Thomas Burger, Benediktbeuern: 113, 116, 123, 124, 125, 126

Wolfgang Ebert, Bad Soden: 2 (Frontispiz), 8, 11, 12, 13, 15, 17, 18, 19, 20, 21, 23, 25, 26, 27, 28, 33, 35, 36

Werner Herzog Filmproduktion, München: 68, 70, 77, 79, 84, 85, 87, 88, 90, 91, 93, 94, 96, 97

Archiv Jungfraubahn, Interlaken: 102

Juliane Koepcke: 72 oben und unten, 73, 74, 75, 76, 82

Allan Moorehead, The White Nile, Harmondsworth/GB 1983: 130 links und rechts, 132, 135, 137, 141, 143, 147, 150, 157

Ray Müller, Münsing: 41, 44, 48, 53, 62

Martin Papirowski, Dortmund: 128, 133, 139, 142, 145, 146, 149, 153, 154, 155

Photopress, München: 80

United States Geographical Survey, Tucson/USA: 30

Utah Historical Society, Salt Lake City/USA: 14 oben und unten

Western Australian Tourist Commission, Frankfurt: 40, 46